アートと暮らす日々

Living with Art 365 days a year

prologue

日本の家にもっと必要なのは上質な現代アートだ――
そんな熱い思いだけで、なかば、見切り発車的にこの仕事をはじめ、
15年以上が経ちました。
当時、インテリア業界ではキャリアを積んでいたものの、
アートとなると単に〝大好き〟なだけ。
きちんとした知識もありませんでした。
思えばそんな状態で、
よくぞアートの世界に飛び込んだものだと自分でもあきれてしまいます。
けれど作品やギャラリー、そしてお客様たちをつなぐ役割をしている人が
日本に存在していないということに気づいた私は、
この仕事を形にするべく突き進んできました。
いっぱい恥ずかしい思いもし、失敗もたくさん重ねてきました。
ときにはどんよりと、こんな仕事はじめるんじゃなかったと
後悔したことだってあります。
インテリアの世界に逃げ帰りたいと思ったこともしばしば。
でもそんなとき、私の頭に浮かぶのは
「どこでアートを買ったらいいのかわからない」
「ギャラリーは敷居が高くて入れない」

そんな多くのかたの声でした。

アートの持つ魅力やアートと暮らすすばらしさを伝えるために、
ここでやめるわけにはいかないと、何度も鼓舞されたものです。
そして、そんな思いを伝えるべく本を出版するのは、長年の夢でもありました。
おそらく多くのかたはアートを購入するのに迷いや戸惑いがあるでしょう。
この本では難しい美術用語も難解なアート解説もありません。

「アートと暮らしたい！」

純粋にそんな気持ちになっていただけるよう、
日常の中でのアートの楽しみ方を多方向から紹介しています。
本を通じ、皆様と現代アートとの垣根が少しでも低くなれば
こんなにうれしいことはありません。
アートと暮らすことで、日々の光景が変わり、
新たな好奇心が芽生え、感性が研ぎ澄まされていきます。
アートのある暮らしをはじめると、ない生活にはもう戻れません。

さあ、いっしょにアートのある暮らしをはじめてみませんか？

――奥村くみ

CONTENTS

アートって、なんでしょうか？

本書では、アートといっしょに暮らすこと、日々の暮らしの中にアートがあることの楽しさや豊かさ、すばらしさについて、まずはわが家の暮らしの様子をご紹介することからはじめ、多方向から語っていきます。つまり、本書では、アートという言葉は、何度も、何度も出てくる言葉です。

「アートって、なんでしょうか？」

ときどき、そんな純粋な質問をもらって、たじろぐことがあります。あまりに、深い質問すぎて、「そのあたりは学術的な専門家にまかせて」なんて、逃げてしまうことも。でも、この本を制作するにあたって、私なりに、「アートとはなんだろう？」と改めて考えてみるべきだろうと、自分と向き合ってみました。

美しい風景を見て、「自然のアートですね！」と、感嘆の思いを表現される場面に出くわすこと、よくありますよね？　自然を賛美し、感動を伝えるための比喩だとはもちろんわかっているのですが、この言葉を聞くと、私はなんとなく、もやっとした気持ちになります。

自然は自然ですし、アートはアート。どちらも私たちに感動を与えてくれるものですが、完全に別のものだと感じています。

何年も前に、とあるアーティストと、ニューヨークでアート巡りをしていたときのこと。たくさんのアートを見ながら、ふと窓の外に目をやり、そのかたが「やっぱり自然はすごい。どうやってもアートは自然にはかなわないと思う」という趣旨のことをおっしゃったのです。これがアーティストすべてに共通する想いなのかどうかは、わかりません。でも、その窓から見えた自然の光景と、その言葉はずっと私の中にあります。

アートは自然とは違い、人が介在します。つまりアートは、人が生み出すもの。先のアーティストは自然にはかなわないとおっしゃっていましたが、人間の作り出すもので、魂まで揺さぶることができるものは、アートしかないと私は思うのです。

ニューヨーク近郊の現代美術館、ディア ビーコンで、ダン・フレイヴィンの作品を見る機会がありました。自然光がふり注ぐ中、その作品が、ずらっと並んだところに立ったとき、私は全身に鳥肌が立って、大げさでなく

わが家の棚に飾った小さな立体作品。与えられる感動の大きさは、無限です。

Artist：西川勝人

心が震えました。この感動は私だけの、とてもパーソナルなものです。私のように、余計なものをそぎ落として、ストイックなシンプルさの中で表現をするミニマル・アートに感動する人もいれば、ルネッサンス絵画に涙する人もいる。人それぞれ、心に響くアートは違うわけです。

工芸品やアンティークなどにも、そういう要素はあるとおっしゃるかたもいます。それらも含めてアートと考えるかは、人それぞれだと思います。もし、1枚の器に心が震え、魂が揺さぶられたのなら、その人にとって、その器はアートなのかもしれません。つまり、なにがアートで、なにがアートではないという線引きに、意味はないのでしょう。

とはいえ、私自身が心を震わせ、これこそがアートだと感じるのは、作家が真剣に自分の心と向き合い、魂を込めて制作したもの。なにかの用途のために作られたものではなく、作家自身のメッセージを、ストーリーを、その人なりの形で、そのまま表現した作品です。

感動がパーソナルなものであるのと同様、「アートとは？」の質問の答えも、きっと人それぞれ。でも、こうやって考えを深めていくと、私にとってのアートは、作家の魂が込められたもので、私自身の魂を揺さぶるもの。そんなふうに自分の中で捉えている気がします。

Chapter_1:

A life with Art

アートと暮らす

Such, Such
Were the Joys
by George Orwell

SPRING

春

Entrance Hall ／玄関ホール

わが家では、衣替えをするかのように、アートを季節で替えることを楽しんでいます。よい知らせを意味する「福音」というタイトルは、春にぴったり。そう思い、平体文枝氏の作品を玄関ホールに飾りました。鮮やかな黄色が春を彷彿とさせ、手前の壁の立体とも相性よしです。

Artist : 平体文枝、中川佳宣

Dining ／ダイニング

ダイニングルームのキャビネット上の壁には岩村伸一氏の平面作品、家具の上には大西伸明氏の立体作品を定番で飾っています。大きい作品は掛け替えも大変なので、作品の下に置く受けを季節ごとに替え、気分一新。作品自体を替えなくてもアートの「衣替え」は可能です。

Artist : 岩村伸一、大西伸明

Entrance ／玄関

春が近づくと、ワクワクしながら取り出す作品があります。それが、今村遼佑氏の「ハクモクレン」と名付けられた作品です。玄関の右側の壁は頻繁に作品の掛け替えをしている場所。毎日、まだつぼみの木蓮を目にするので、アートからも春の訪れを感じることができるのです。

Artist : 今村遼佑

STOP
THE
TIME

Personal Chair Corner
／パーソナルチェアコーナー

リビングの一角にある、パーソナルチェアのコーナーは、私にとって、そのとき「旬」の作品を配置することが多くなっています。季節に合わせて作品を決めることもあれば、入手したばかりのものを掛けることも。この年の春に飾ったのは、「マルメロ」という題の田幡浩一氏の作品。私の中では春から初夏への変わりめをイメージする色なのでこの時期に飾りたくなります。

Artist : 田幡浩一

SUMMER

夏

Entrance Hall ／エントランスホール

水の動きをそのまま捉えたような、川北ゆう氏の作品は夏の玄関ホールに掛けます。p.17と同じ場所ですが、この作品を飾ると涼しい気持ちに。作家の意図とは違うこともあるかもしれませんが、自分の気持ちを投影できるのが、アートと暮らすおもしろさです。

Artist：川北ゆう

Living ／リビング

ソファ上の壁は、インテリアの雰囲気を決める重要な場所。私は複数の作品を組み合わせて飾っています。複数飾る場合、バランスを取るのが難しいので、大きい作品はあまり掛け替えないようにし、小さい作品を少しだけ交換して、気持ちをリフレッシュさせています。

Artist :
サイモン・モーレイ
（*Simon Morley*）、
天野憲一、藪本絹美、
鈴木隆、冬木遼太郎
（左上から下、右へ）

Corridor ／廊下

▲チェン・ルオビン氏の作品は小さいけれども、作品自体が外へ外へと広がる強さを持っていると感じています。わが家は、色が強いアートは少なめですが、この作品はパワーみなぎる夏に鑑賞したくなり、玄関ホールやリビングに掛けるほか、ときどきは廊下にも。

Artist : チェン・ルオビン（陳若冰 *Chen Ruo Bing*）

Living ／リビング

◀ふだんは違う場所に飾っているサイモン・モーレイ氏の作品を夏になるとソファ上の壁に。あまりアート替えをしないと決めているコーナーでも、1枚なら気軽なので、ときどき入れ替えることがあります。目に飛び込んできやすい場所なので、白い作品が加わるだけで涼やか。

Artist : サイモン・モーレイ（*Simon Morley*）

Such, Such
Were the Joys
by George Orwell

Shelf ／棚

法貴信也氏の作品と思い入れのある工芸品などを組み合わせ、棚の中にお気に入りのコーナーをしつらえています。小さい作品は棚やチェストの上を指定席にするとアートの存在感がアップ。大きい作品には手が出しにくいと感じるなら、こんなスペースからはじめるのはいかが？

Artist : 法貴信也

Dining ／ダイニング

▶キャビネットの上の壁に飾っているアートはそのままにし、下に飾る受けを替えて夏のダイニングを演出。暑い時期は花の持ちがあまりよくないので、白とガラスのオブジェで、清涼感をプラスしました。受けを替えるだけで、アートの印象も変わってきます。

Personal Chair Corner
／パーソナルチェアコーナー

◀アートの模様替えが好きとはいえ、家中の作品を掛け替えるのは大変ですし、現実的ではありません。頻繁にアート替えをするのは、この場所だけと決めておくのがおすすめです。わが家では、パーソナルチェア近辺がその場所。夏は軽やかな版画を愛でます。

Artist :
レベッカ・ソルタ
(*Rebecca Salter*)

いっしょに暮らすことで、アートと人は〝＝《イコール》〟の関係に

心から惹かれるアートを購入し、自宅に飾っていっしょに暮らす——。

これは私が情熱を持って、みなさんにおすすめしている、なんともシンプルな行為です。でも、ハードルが高いと感じていらっしゃる人は残念ながらすごく多い。アートとともに暮らすことの、プラスの影響を日々感じている私は、それはとてももったいないことだと思います。

センスがよくなりたい、もっと魅力的な人になりたいと考えたとき、フラワーアレンジメントやテーブルコーディネートを習ってみようとは考えても、「アートを買おう」と思う人は少ないかもしれません。でも、私は、アートを1点買ったほうが早道だと、最近確信するようになりました。

私はかれこれ15年以上、お客様のもとにアートを届ける仕事をしています。そんな活動のなか、アートと暮らすようになって、お客様が変わられたと思うことが頻繁にあるのです。アートを飾ることで、インテリアが洗練されていくことからはじまり、それだけでなく、ご自身のセンスが磨かれ、どんどん表情までもキラキラされていくのです。

その理由を私なりに考えてみたところ、ふたつあると思い至りました。ひとつは自然に習得できる視点がもたらす効果です。アートを飾ることで、テーブルの上だけ、皿の中だけという寄りの視点ではなく、引きの視点を持つことができるようになります。

アートをどこにどう魅力的に飾ろうかと考え、引きの視点を持つことで、美意識が鍛えられ、空間を全体として大きく捉える訓練ができます。それはセンスを磨くことにもつながるのです。

もうひとつは内面への作用です。作品をひとつ持っているだけで、アート全般との距離がぐっと縮みます。自然に芸術というものに意識が向き、知識欲も湧く。アートが身近になり、今までは縁遠いと感じていたようなエッジのきいた美術館の展示さえも、臆せず向き合えるようになる。心持ちも少しずつ変わり、その積み重ねが内面からの見えないオーラとなって外面にも変化を与えてくれます。

こうして敷居が高いと思っていたアートと自分との関係が〝＝《イコール》〟になっていくのです。それこそが、アートと暮らすことを私がおすすめする大きな理由のひとつです。

アートひとつで暮らしが新しく生まれ変わる

アートを部屋に飾ると、空気が一新します。わが家でもそうですが、お客様のお宅にアートをお届けし、いっしょにどこに飾るかを考え、実際にアートを部屋に設置すると同じように感じます。とくに、ひとつ目のアート、ファーストピースを飾ったときには、顕著です。

最初は皆様、「アートひとつで、そんな大げさな」と思われるみたいなんです。でも、実際体験すると、お客様はその瞬間、「本当に空気が変わった！」とハッと驚かれます。

アートはそれほどに力がある存在で、住まいのアップデートをしていくのにこれほど最適なものはないと思います。なぜ、住まいのアップデートが必要なのでしょうか。それは、やはり暮らしと自分自身を進化させるため。10年も変わらないインテリアの中にいると、知らず知らずのうちに、暮らしも人も停滞します。家は人に見せる機会が少ないとはいえ、停滞した空気は住まい手の中に蓄積し、人となりとなって現れ、人の輝きを失わせると、私は思っているのです。

そんな停滞感を一新してくれるのがアートです。ひとつ飾るだけで凛とした空気が生まれたり、温かいぬくもりを運んできたり。作品によっても方向は違いますが、必ずプラスの作用があります。

さらに季節に合わせて、花をアートといっしょに飾って季節感をプラスしたり、飾る場所を変えて、新たな息吹を空間に吹き込んだり。持っている作品がひとつであったとしても、そんな風に楽しむことで、空間はアップデートされます。

もし、二点、三点とアート作品が増えてきたら、季節に合わせた衣替えならぬ、アート替えも楽しんでいただきたいなと思います。昔、日本には床の間に掛け軸を飾り、季節によって掛け替えて愛でる、すてきな習慣がありました。現代においては、床の間や掛け軸の代わりに、リビングの壁とアートで同じように楽しむのがいいかもしれません。

私のお客様で、チェストの上のちょっとしたスペースで、季節ごとに、小さな作品でアート替えを楽しんでいるかたがいらっしゃいます。アートを替えるたび、空間が生まれ変わり、お部屋も彼女自身もどんどん洗練されていく。そんな様子を目の当たりにすると、私は静かな感動を覚え、アートの力を確信するのです。

AUTUMN

秋

Entrance Hall ／玄関ホール

玄関ホールの奥の壁は、扉を開けたときに、真っ先に目に飛び込んでくる場所。アート替えはもちろん、合わせるオブジェを替えて雰囲気を一新させることもあります。岩名泰岳氏は、彼が学生のころから追いかけている作家。この色合いが季節に合うと感じ、秋の主役に。

Artist：岩名泰岳

Dining ／ダイニング

住まいにアートを飾る楽しさのひとつに、アートのかけ合わせがあると思っています。空間の奥と手前にあるものが自然に目に入ってきて、それぞれが魅力を放つ姿を見るのは幸せ。左の壁はリビングとダイニングをつなぐ場所で前を頻繁に通るので、奥のダイニングの壁との相性を考え、ネルホル氏の半立体作品を飾ってみました。

Artist：ネルホル

Personal Chair Corner
／パーソナルチェア コーナー

▶秋の訪れを感じると、リビングのパーソナルチェアのコーナーを落ち着いた雰囲気にしたくなります。伊庭靖子氏の作品は、東京都美術館での氏の展覧会へ貸し出しになったもので、い草のオブジェと合わせるとシックな印象が生まれ、秋にふさわしい雰囲気。

Artist : 伊庭靖子

Dining ／ダイニング

▼骨董の器に植え込んだ植物を岩村伸一氏の作品の受けに。1年通して同じ作品を掛けていても、受けによってアートの印象は本当に変わりますので、持っている作品がひとつだけだとしても、アートの「衣替え」は十分に楽しめます。

Artist : 岩村伸一

Entrance ／玄関

◀若手のアーティストである水谷昌人氏の作品を玄関の右横の壁に（p.19と同じ場所）。玄関のたたきに立ったときに目線の高さにくる場所なので、このディテールを日々、いろいろな角度から楽しみます。

Artist : 水谷昌人

CHRISTMAS

クリスマス

Living ／リビング

ソファの前のセンターテーブルは、本を置いたり、オブジェを飾ったりする場所。ふだんから「HOPE」の文字が印象的な小石のアート作品をガラスドームに閉じ込めて飾っていますが、クリスマスが近づくと、もみの枝もいっしょに。これだけで気分が華やぎます。

Artist：野田万里子

Dining ／ダイニング

ダイニングの壁の作品はあまり頻繁には替えませんが、ゴールドを基調とした、この版画作品はクリスマスになると自然と飾りたくなります。あくまでも私のフィーリングですが、このシーズンに寄り添ってくれるアートです。

Artist : 大西伸明

Entrance ／玄関

秋から冬の間は、玄関ホールにイングリット・ヴェーバー氏の作品を登場させます。心をぐっと引き込まれる、こっくりと深遠なグリーンの作品で、寒い季節にフィットする存在です。手前の壁に飾る、クリスマスのスワッグとも相性がよく、気持ちが上がります。

Artist :
イングリット・ヴェーバー
（*Ingrid Weber*）

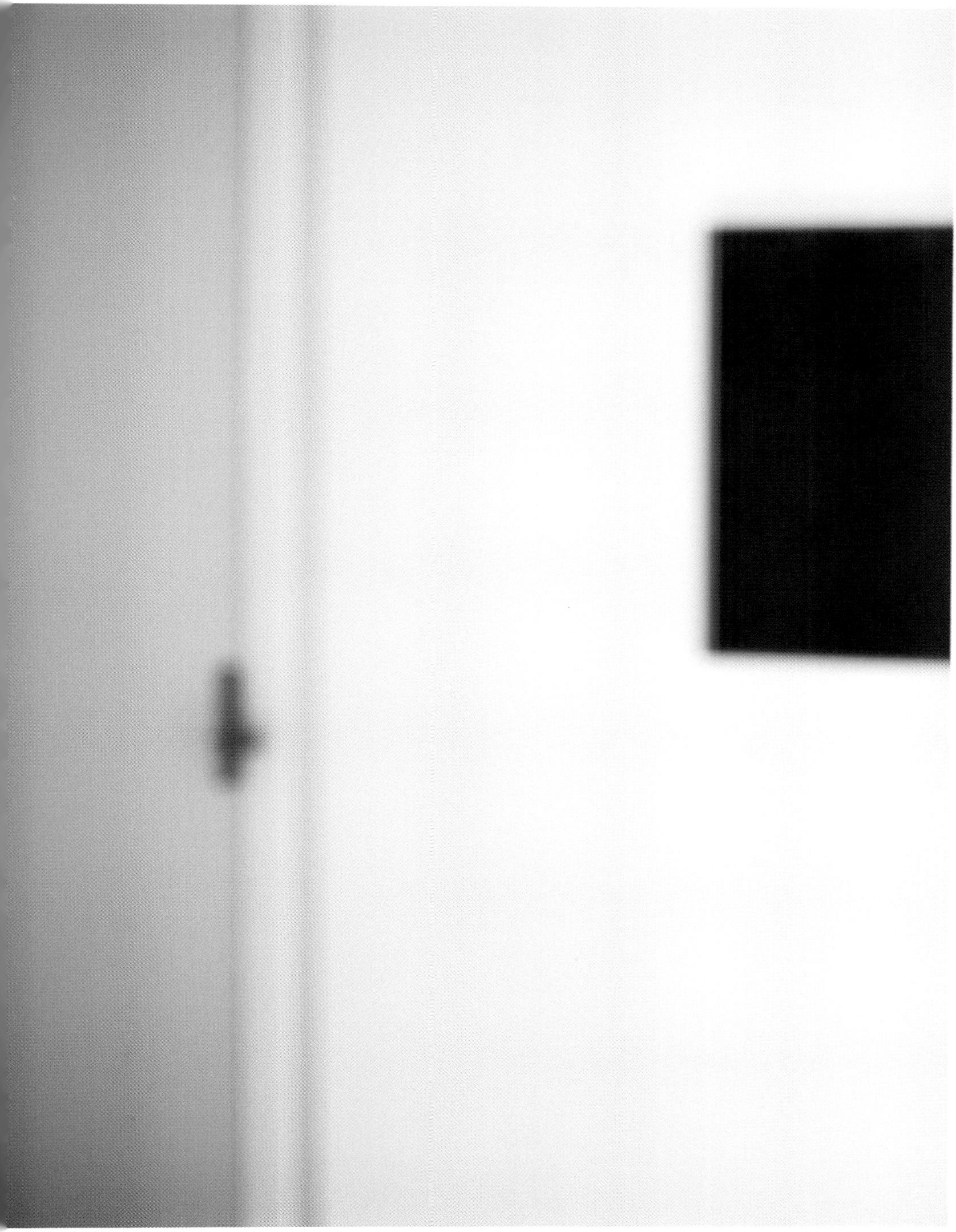

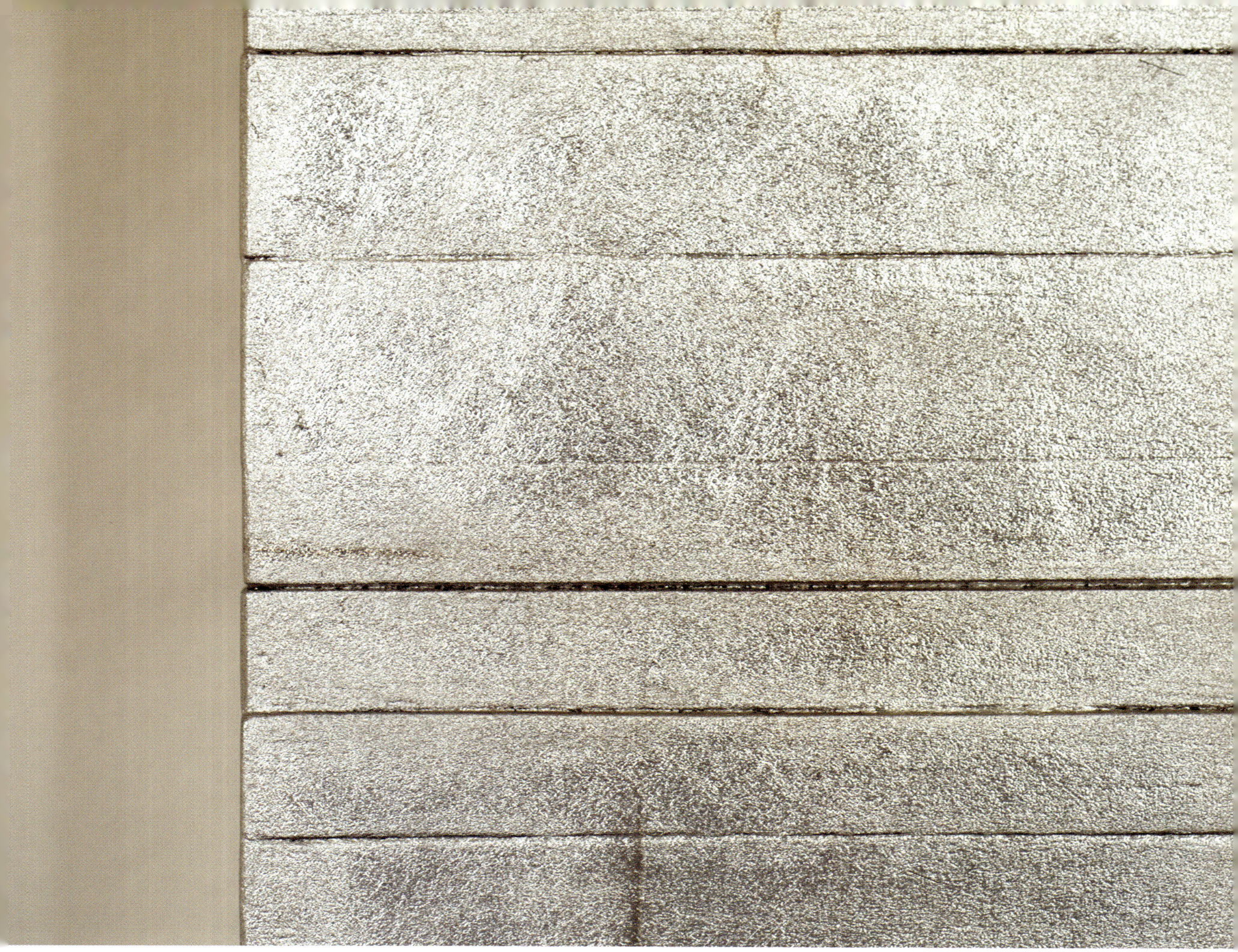

Personal Chair Corner
／パーソナルチェアコーナー

本物のアートで、「いかにも」なクリスマスを演出したくはありません。でも、2面の壁を使って横溝美由紀氏の作品2点をレイアウトしたら、この季節らしい華やぎが生まれました。飾ったのはツイードを思わせる油彩と、光によって表情が変わる、スズ箔で覆われた立体作品。

Artist : 横溝美由紀

NEW YEAR'S DAY

お正月

Entrance ／玄関

ピンクの花に見える作品を玄関右側の壁に。この絵は、snowberryがモチーフとのこと。実をつける季節は秋ですが、色合いに新春らしさを感じるので、色に季節感をもらうという趣向です。日々鑑賞するうち、作品の中の「ズレ」にひそむコンセプトへと想像力が膨らみます。

Artist : 田幡浩一

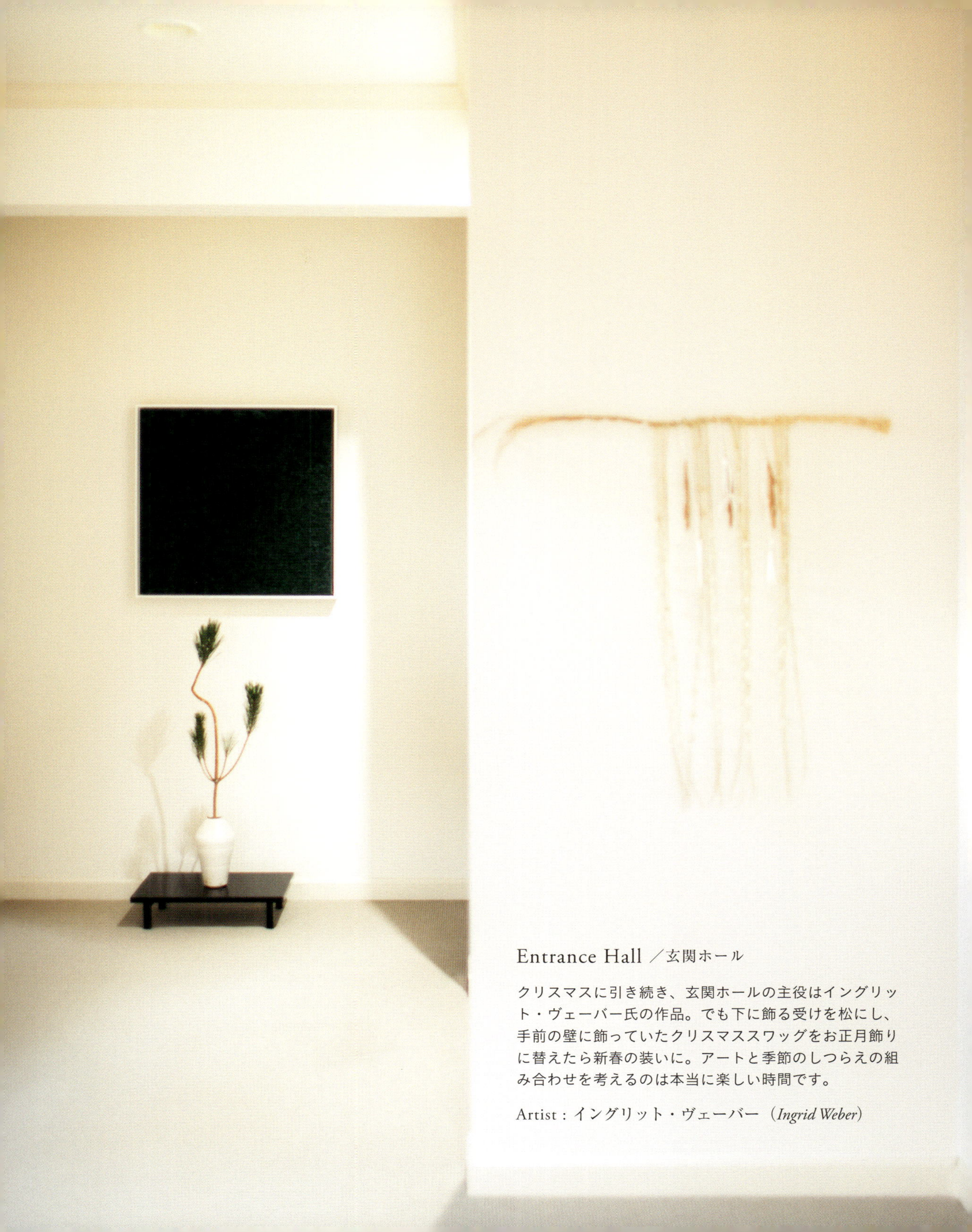

Entrance Hall ／玄関ホール

クリスマスに引き続き、玄関ホールの主役はイングリット・ヴェーバー氏の作品。でも下に飾る受けを松にし、手前の壁に飾っていたクリスマススワッグをお正月飾りに替えたら新春の装いに。アートと季節のしつらえの組み合わせを考えるのは本当に楽しい時間です。

Artist : イングリット・ヴェーバー（*Ingrid Weber*）

WINTER

冬

Personal Chair Corner ／
パーソナルチェアコーナー

この本に登場するアートの中で、もっとも最近、入手した作品ということもあり、自分にとっての「旬」のアートを飾るコーナーに。織物をほどくという行為で生み出されたコンセプチュアルな作品。日々に思索をもたらしてくれるので、キャンドルを灯しながら冬の夜にじっくり鑑賞したいと感じました。

Artist : 手塚愛子

Living ／リビング

▶夏の間は、サイモン氏の白い作品をソファ上に飾っていましたが、冬には淺野夕紀氏の作品を小作品のいちばん上に。小さな変化ですが、アートは飾る場所を少し変えるだけで印象が大きく変わります。こういう体験によって、引きで空間を捉えることが自然にできるようになっていきます。

Artist：淺野夕紀

▶リビングとダイニングの間の壁に西村盛雄氏の作品を設置。蓮モチーフを多く制作している西村氏。蓮の葉が開く前の様子をさまざまな角度から眺めたいので、行き来の多いこの場所こそが、この作品にふさわしいと感じています。

Artist：西村盛雄

◀春の訪れを待ちながら、センターテーブルに、無造作に水仙をいけました。リビングのソファ上のアートはそのままですが、水仙越しに見るアートが春待ち顔に変わった気がします。

BY ROOMS

部屋別

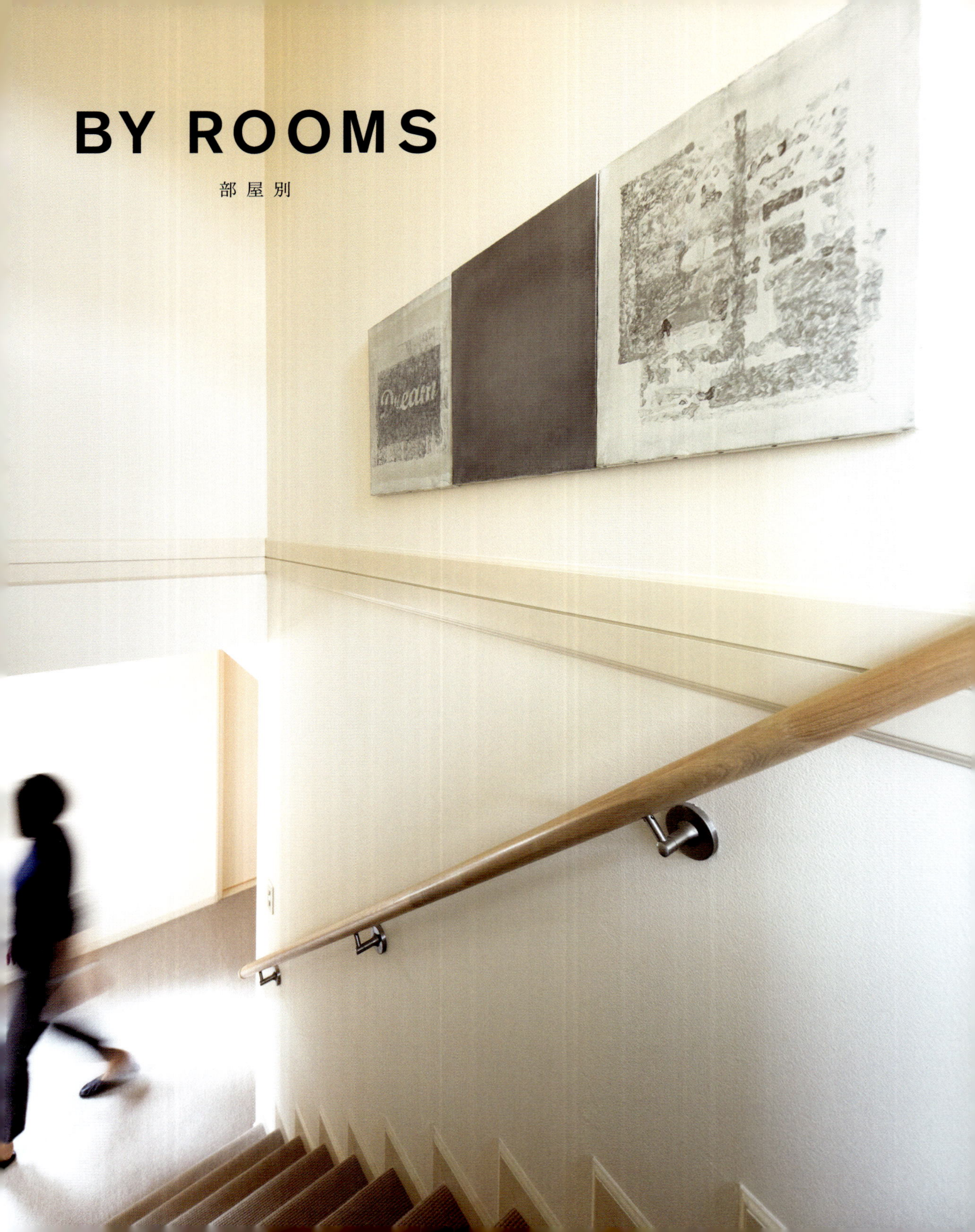

Stairs ／階段

▶見過ごしてしまう階段の壁ですが、1日に何度も行き来するので、アートを飾るのに絶好の場所。ニューヨークのアトリエを訪ねたこともあるたちばなひろし氏の3連作品です。3枚が揃うよう、この壁に掛けるのは大変でしたが、その甲斐あって階段空間が上質な雰囲気に。

Artist : たちばなひろし

Corridor ／廊下

▲飾る場所を決めてアートを探すと、いつまでたってもアートと暮らすことはできません。まずは直感で気に入ったものを。自分が「これ！」と思ったものなら、必ず家の中にふさわしい場所が見つかります。ファーストピースを廊下に飾るのも、良案。地味な場所が輝きます！

Artist : 三瓶玲奈

Bedroom ／寝室

▶人にいちばん見せない場所だから、アートを飾る場所としては後回しにしてしまいがちな寝室。でも朝起きてすぐや、寝るまでのゆったりした時間に作品を静かに鑑賞し、アートに包まれながら寝ることは、自分自身へのプラスの作用が大きくなる気がします。

Artist :
クリスティアーネ・レーア
(*Christiane Löhr*)

Japanese Room
／床の間

◀「床の間にこそ現代アート」。声を大にしたい提案です。洋風化したほかの空間からの流れに違和感がなくなります。究極にミニマムな和空間である床の間と、現代アートには互いを高め合う力があると思います。受けには季節の花や香炉もいいですが、立体作品とも相性抜群です。

Artist :
稲垣元則、大西伸明

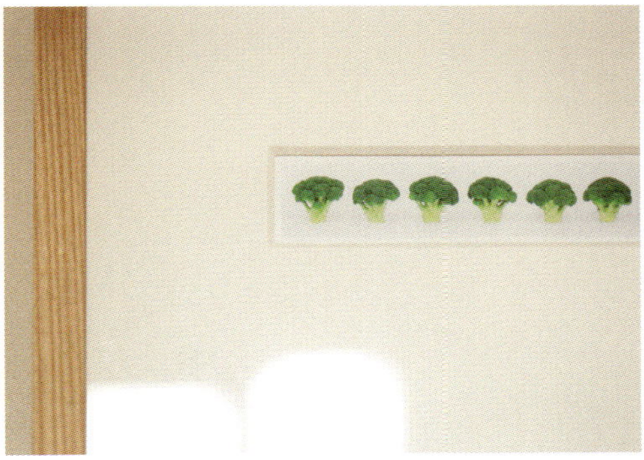

Powder room ／パウダールーム

▶おもてなしは食卓の上だけでは完結しません。来客へのウェルカムの気持ちを伝えたいなら、パウダールームにもアートは必須。ひとりの時間にしっかり作品を見つめた友人と、アートに関する会話へと発展することも多々。大人の集まりがぐっと知的になり、洗練されます。

Artist : 坪田昌之

Kitchen ／キッチン

▲毎日、長い時間を過ごす場所だから、キッチンにもアートを飾るようになりました。夏はトマトとピーマンがモチーフのもの、冬はブロッコリーのものに掛け替え。田中朝子氏の写真作品です。キッチンには作品がきちんとアクリルで覆われているものを飾るようにしています。

Artist : 田中朝子

白馬の王子様や、運命の作品を待たないで！

「運命の1枚に出会ったらアートを買います！」と高らかにおっしゃるかたがときどきいらっしゃいます。私はこの言葉を聞くと、とても残念に思います。なぜなら、こう思っている限り、いつまで経っても、アートと暮らす日々は手に入らないからです。

アートとの出会いを、結婚や人とのご縁と考えるとわかりやすいのですが、「ぼんやり街を歩いていたら、すてきな『白馬の王子様的な運命の人』が通りの向こうからやってきた」なんていうこと、人生に起きるでしょうか？　もちろん、可能性はゼロではありません。でも、ほとんどの場合、よりよき縁がありそうな場所に身を置いたり出向いたり、友人知人に紹介を頼んだり、自分から働きかけないとよい出会いは巡ってこないもの。それは周知の事実と思います。

また、幸運にも運命の人に出会えたとして、この人がその白馬の王子様だと気がつくためには、それなりに人を見る目を養っておかなければならないはずです。つまり、運命の人をゲットするためには、ある程度の経験値も必要なのです。

アートもまったく同じ。ふだんギャラリーに出かけることがない人が、たまたま目の前に現れたギャラリーに入り、そこでは、たまたま好みの作家の展覧会をやっていて、たまたま好みの作品が展示されていて、たまたま購入できる金額だったなんてことは、街中で白馬の王子様に出会うくらい、ありえないことです。

私たちにとって運命のアートというものは、もしかしたら存在するのかもしれません。でも、ぼんやりしているだけでは出会えません。ただ待っているだけではだめなのです。

まずは予算を決めてアートを実際に見てみる。そして、購入していっしょに暮らしてみる。自ら動くというのは、こういうことです。動かない限り、自分の経験値も上がりませんから運命の1枚に会っても気づけません。つまり、自らアートを買わない限り、「アートと暮らす日々」は手に入らず、アートと暮らすことで得られる豊かさとも、いつまで経っても無縁のままになってしまいます。

ファーストピースで、〝アートと暮らすこと〟に、恋をした

「白馬の王子様は向こうからやってこない」と申し上げたのは、アートを仕事にまでしている私自身にも、唐突に王子様はやってこなかったからです。雷に打たれたかのごとく、運命のアートに出会ったというエピソードはありません。お客様を見ていても、このアートはこのかたにと感じることや、絶好のタイミングはありますが、「運命」というほどドラマチックなことがアートとお客様との間に起こっているわけではないのです。

　それでも、アートと暮らすことで得られるワクワク感や幸せ感によって、私の暮らしはぐっと豊かになったと感じますし、お客様からもそういう言葉をいただくことは多いです。

　私が買った最初のアートは、フランスの女性画家のものです。アートを買いたいなと思ってはいたものの、どこで買っていいかが、わからなかったころに出会いました。日仏双方のアーティストが、パリと京都に滞在して制作をするというイベントで、アーティスト本人と話をし、その流れで購入に至ったのです。

　家に飾って、本物のアート作品を眺めながら日々暮らすうち、「なんか、すごい！」と感じるようになりました。それが、私の「アートと暮らす日々」のスタート。「恋に落ちた！」というほどの出会いではありませんでしたが、この作品をきっかけに、私は〝アートと暮らすこと〟に、恋をしたのです。

左が私のファーストピース。右に私自身アートをどこで買ったらいいのかわからなかったころに買った、ジャコメッティのポスター。そのときの気持ちを忘れぬよう、飾っています。

バッグひとつをあきらめて、アートを買うという考え方

もう何年も前のことです。とあるイベントでアートを展示しながらご紹介していたことがありました。そこにふらりと入ってこられたご婦人がたのことが、今も、鮮明に思い出されます。

それなりに裕福なかたたちだということは一目でわかりました。手にしているバッグは、百万円をかるく超える代物。でも、アートをちらりと見て、そしてプライスを見て、「わ〜、たっか〜い！」と、口々におっしゃったのです。

私は心の底からがっかりしました。おふたりが、学生さんや若い女性ならともかく、十分に貫禄のあるマダム。そして彼女たちが高いと言ったアートより、お持ちのバッグのほうがずっと高価だということを私は知っていました。

もちろん、価値観は人それぞれです。バッグが大好きで、そこに価値を見出す人がいても否定はしません。でも、おふたりが情熱をかけて、そのバッグを選んでいるとは私には感じられませんでした。

バッグに百万円以上も投じる財力があるのに、数十万円のアートをちらっと見ただけで高いと言い放つ。だれが見ても高いとわかるものにはお金を投じ、価値をパッと見て理解する人が少ないうえ、人に見せる機会がないものには、あまりお金を使いたくない。うがった見方かもしれませんが、この言葉の背景に、そんな考えがあるように感じてしまいました。

もちろん、アートは安いものではありません。でも、アーティストが創作の苦しみの中、全身全霊をかけて生み出したもの。値段だけを見て、「高い！」と言い捨ててしまっていい存在ではありません。リスペクトする気持ちを持って向き合ってほしい、そう思っています。

実際、アートを手に入れるためには、相応のお金がかかります。どんなに気に入っても買えない作品があるのも現実。でも、毎年バッグやコートを新調するなら、今年はあきらめてその分をアートに投入するというのはどうでしょうか？　もしくは、月に5千円のアート貯金をはじめてみるのもいいかもしれません。1年経てば、十分に若い作家の小さな作品が購入できる金額です。そうやって手に入れたアート作品と、実際に暮らす喜び、そのアート作品がもたらす豊かさを自ら味わえば、アートが高いとは、決して思わなくなるはずです。

インテリアにアートを合わせてはいけない

アートと暮らすことの豊かさを知ってほしい。アートは空間における最後のピースであり、ないと完成しないということを伝えたい。その思いが、私がアートアドバイザーを続ける原動力です。でも、アートと暮らすこと＝《イコール》家に飾ることにつながるためか、ときどき、インテリア装飾としての「アート」を探してほしいと依頼を受けることがあります。

「この壁に、黄色いなにかを、ぽんぽんぽんと飾りたいの」「横長のドーンとした作品で水色が使われているものがいいな」といった具合で、アート自体の魅力は二の次。これはアートを探しているというより、完全に装飾探しです。

　私が提案するアートとの暮らしは、あくまでも、アート作品ありきです。作品として心から惹かれるものを、ぜひ手にしてほしいと思います。そして、作品の力を感じてほしい。じつは、インテリアの装飾感覚でご依頼くださったかたでも、「本物」のアートと向き合うと、その力を感じ取ってくださるかたはとても多く、もともとおっしゃっていた色、サイズなどの条件は忘れてしまうものです。

　この壁にフィットするアートなどと決めてからアート探しをはじめてしまうと、大切なアートとの出会いを逃してしまう結果になります。まずは、アートと向き合って、自分がどう感じるか、ただそれだけを優先することが大切です。

　たとえ、もともと飾りたいと思っていた場所に、そのアートが合わなかったとしても、自分が好きだと心惹かれたアートなら、必ず、家に持ってきたときに、その作品が光り輝く場所があるはずです。その場所を探して家をあちこち見回すことも楽しみであり、その行動ひとつとっても、暮らしの活性化につながります。

　私自身は、美しくて、品性や知性を感じるアートに心惹かれます。これは、インテリアありきでの選択ではなく、いっしょに暮らしたいと惹かれる作品が、結果的にそういう作品ということ。あくまでも、アートが先で、インテリアはあと。もちろん、インテリアを無視する必要はないので、まずはアート主体で考え、インテリアとのいい頃合いを模索するという順がいいと思います。お客様の中にはアート優先で、リフォームを決行されたかたも！　アートにはインテリアさえも変えたくなるパワーがあるのです。

アートと暮らす日々／実例編

アートをお客様に紹介する仕事をはじめて、15年以上になります。
作品を自宅に迎えることで、インテリアが実際に魅力的になるのはもちろんですが、
アートと暮らす心持ちの豊かさをお届けできていることがなによりうれしいです。
アートと暮らす日々をはじめられたお客様のお宅をご紹介します。

戸谷様邸

戸谷様がダイニングの壁に飾っている作品は、白。「白い壁に白い作品って、どうかしら？」と悩まれたそうですが、作品の魅力に惹かれて購入。でも、飾ってみたら、それはまったくの杞憂（きゆう）でした。「温かみや生きている息吹のようなものを感じる」と本物のアートの力に満足のご様子です。

Artist：横溝美由紀

もっとアートの魅力にどっぷりはまっていただきたいからと、取材のときにお持ちしたのが、藤堂氏の立体作品。自ら探し歩いて集めた石を切って、ガラスを挟み込むという手法で制作されたものです。戸谷様邸のディスプレイ棚の本の上に置く、自然体な飾り方をご提案。

Artist : 藤堂

インテリア主体のアート選びからの脱却

友人とふたりで、アパレルブランド『deux clefs』を主宰されているだけあって、インテリアもさすがなセンスの戸谷様。おしゃれ好きなお父様の影響や、インテリアショップで働いていた経験が、このセンスのベースです。それほどに感度の高い戸谷様でも、アートとなると、どうしていいかわからなかったと振り返ります。インテリアショップでアートを購入したこともありますが、インテリアにはきれいにおさまってはいるものの、作家名さえ覚えていないほどで、なんだか納得しきれていないご様子でした。

「このマンションに住んで5年。当初はどうしてもインテリア優先でアート探しをしてしまっていましたが、少し落ち着いて、今は本当に好きなものに出会いたい、そんな気持ちです」

そして、偶然の小さなご縁からつながって、私が東京で開催したアートイベントにご来展。色味のあるアートを探していらしたにもかかわらず、決めてくださったのは、冒頭の真っ白な作品。

「ツイードみたいな立体感に惹かれました」と戸谷様。白い壁に飾るにはどうなんだろうと迷われたそうですが、だからこそインテリア視点ではなく、完全に心の目で選んでくださったことがわかりました。そして、その作品を飾り、作品が及ぼすプラスの作用を少しずつ感じていらっしゃるようです。このままアートと暮らす日々のとりこになってくださるに違いありません。

もう1点、戸谷様にお見せしたのが、松原健氏の作品。ヨーロッパで探したアンティークのミラーに写真が転写されています。鏡面のゆらぎと、テーブルの縁に置かれたグラスの不安定さが相まって、目が離せなくなる作品です。お子様との思い出の写真とともにディスプレイ。

Artist：松原健

S様邸

アートに合わせて
インテリアを替える！

インテリアコーディネーターとして仕事をしていたころ、担当させていただいたS様。アートの映える家にしたいとのご要望を踏まえて内装をしつらえました。

以前のお宅は、古い日本家屋で、夏冬にふすまを替えていらしたS様。季節ごとにしつらえを替えるということが自然に身についていらしたご様子で、今はアートで季節感を楽しんでおられます。アート替えごとに、クッションを替えるなど、アートにインテリアを合わせることまで実践され、アートと暮らす日々の上級者です。

Artist : サイモン・モーレイ

Artist : 坂田峰夫

Artist : 藤井俊治、船井美佐

上／サイモン・モーレイ作品から抽出した色のクッションを合わせているセンスが上級者。左／坂田峰夫氏のフォトグラムは秋から冬のイメージ。右／藤井俊治氏の作品をソファ上に、奥には鏡を使った船井美佐氏の作品を。

K様邸

アートの「衣替え」を暮らしの新しい習慣に

15年近いおつきあいのあるK様。私の活動をずっと応援してくださっている中、ご本人もどんどんアートに開眼されていかれました。K様ご夫妻が選ばれるアートは色づかいに特徴のある作家の作品が多く、シックにまとめられた空間に見事にマッチしています。

以前雑誌の撮影でお邪魔したとき、お持ちでない作品を設置したことがあったのですが、以来、アートを掛け替える楽しみに目覚められたよう。今では、大小様々な作品を持ち、季節によって掛け替え、アートライフを満喫中です。

Artist : 平体文枝

Artist :
チェン・ルオビン

新築時に上の平体文枝氏の作品を、数年前に左のチェン・ルオビン氏の作品をご購入。リビングの一角にあるパーソナルチェアのコーナーに飾っておられます。季節や気分に合わせて掛け替えるたび、暮らしがアップデート。

S様邸

広くて横に長い壁は、飾りやすそうでなかなか手ごわいスペース。S様邸では、ソファやダイニングチェアに何度も座っていただいてバランスをチェックし、ミヒャエル・テンゲス作品が生きる配置を探しました。

Artist：ミヒャエル・テンゲス

N様邸

現代アートは、骨董やアンティークとの相性が抜群と日ごろから感じていますが、N様邸でも確信できました。横溝美由紀氏の作品を、味わいのある古家具の上に飾ったことで、作品の魅力がより増しました。

Artist：横溝美由紀

M様邸

あまり意識を向けることがない階段まわりの壁が、アートによって特別な空間に生まれ変わり、作品を引き立てます。そんな場所をお客様といっしょに探すのも楽しい時間。シュテファン・バウムケッター氏の作品。

Artist：シュテファン・バウムケッター

B様邸

スウェーデン人の建築デザイナーのご主人と人気料理教室を主宰する奥様。抜群にセンスのあるおふたりが、ビビッドな今井俊介作品をどう飾られるのか。興味津々でしたが、日常の光景になじんでいて、さすが！

Artist：今井俊介

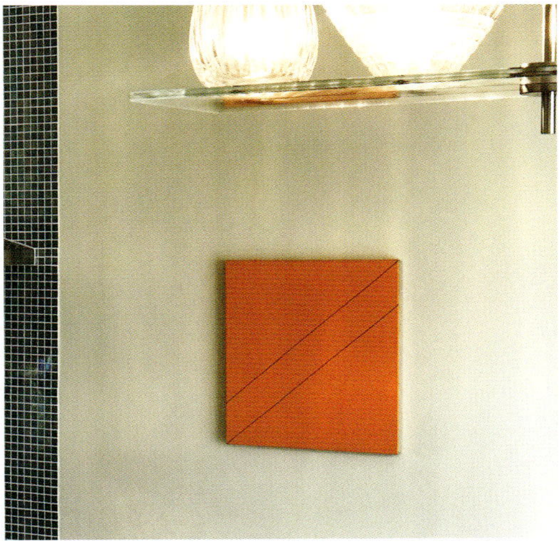

O様邸

鮮やかなオレンジ色に潔い線が描かれた額田宣彦氏の作品に奥様が一目ぼれ。すでにたくさんのアートをお持ちなのですが、この壁にはこの作品を待っていたかのような空白が。バッチリ「はまり」、O様と大喜び。

Artist：額田宣彦

S様邸

イングリット・ヴェーバーの深い紫色の作品は、奥にある庭や室内のグリーンによく映え、魅力が際立ちます。ほんの少し甘さを感じる作品をシンプルモダンな空間に設置するスタイルは個人的に気に入っています。

Artist：イングリット・ヴェーバー

I様邸

吹き抜けに複数アートを飾る場合、さまざまな角度からの視点や、同時に目に入ったときに作品が引き立つかに配慮。階段上の横溝美由紀作品、左下のクリスティアーネ・レーア作品がうまくまとまって、大満足。

Artist：横溝美由紀、クリスティアーネ・レーア

U 様邸

ファーストピースとして、たちばなひろし氏の3連作品をご購入くださったU様。なんと、アートがやってきたことに端を発し、リビングの全面改装を決断。アートが暮らし方を変えるきっかけになった事例です。

Artist：たちばなひろし

M 様邸

結婚10年のお祝いに、ご主人様がサプライズで奥様にアートをプレゼント。以前購入されていた奥に見える作品ともどもチェン・ルオビン作品です。同時に目に入ることを計算して組み合わせるのも楽しいもの。

Artist：チェン・ルオビン

N 様邸

「アートを飾りたい！」の一心で、立派な古い日本家屋をリフォームされたN様。最近ご購入されたのは、田幡浩一氏の作品。古い柱や梁、建具を生かした空間と現代アートの組み合わせは、絶妙です。

Artist：田幡浩一

H 様邸

自宅のリフォーム後、これぞというアートが見つからなかったという、H様のリビング空間。柴田健治氏のアート作品が入って、完成度がさらに高まりました。暖炉越しに作品を撮影しながら、アートの力を再認識。

Artist：柴田健治

O様邸

O様邸の寝室には柄物の輸入のクロスが貼られていて難易度高し。でも向山喜章氏の淡い虹色の作品を掛けてみたら、見事なアート映え。上質な作品だからこそ、よい化学反応のようなものが起きた気がします。

Artist：向山喜章

S様邸

平面作品の受けとして立体作品を置くと、全体のバランスが取れ、安定感が生まれます。西村盛雄氏の平面作品を先に飾っていらしたS様が、数年後に西川勝人氏の立体を購入。いっしょに飾ったら美しいコーナーに。

Artist：西村盛雄、西川勝人

T様邸

レベッカ・ソルタ氏の作品はきっちり並べないほうが魅力が引き立つと考え、2枚をランダムに飾りました。作品がもたらすやさしい空気感と季節のお花。こんな情景を見るたび、自分の仕事がより好きになります。

Artist：レベッカ・ソルタ

撮影協力：MA2 Gallery

アートと花

アートと、ほかのなにかを組み合わせることができるのが、
アートと暮らす日々の喜びです。
とくに現代アートと花は相性がいいと私は感じています。
自然の花をそのまま連れてきたかのような投げ入れに惚れ込み、
師匠である横川志歩氏に現代アートとの競演をお願いしました。
どちらの魅力も最大限に引き出されている様子は憧れそのものです。

横川氏が花をいけると野にたたずむ様子が目に浮かぶ美しさです。1月の撮影だったこともあり、もっとも花の種類が少ない時期でしたが、ロウバイとツバキを黒田泰蔵氏の花器にいけ、アートと花のかけ合わせの美を堪能させてくれました。「若干引き算をする気持ちでいけるとアートと花の両方が引き立つ」とのアドバイス。

Artist : 関根直子　挿花 : 横川志歩

ハクバイ、シュンラン、フキノトウをバカラのアンティークのガラス器に。花材の少ない時期にもかかわらず、春の訪れを待つ、静謐(せいひつ)な時間を表現してくれました。樹木がモチーフとなっている繊細な作品に呼応するかのような、ハクバイの流れるような枝ぶりが優雅。

Artist : 瀧本幹也　挿花 : 横川志歩

アートを、花や植物と合わせる理由

ギャラリーや美術館などは一般的に、ホワイトキューブと呼ばれる真っ白な空間であることが多くなっています。それは、作品本来の魅力と正面から向き合うための場所だから。アートのほかにはなにも置かれていないことがほとんどです。

一方、アートとともに暮らしているわが家は、作品を引き立たせるシンプル空間であることを心がけてはいますが、たくさんのものの中に、アートが存在しています。ギャラリーとはまったく違う状況ですが、それこそが、アートと暮らすおもしろさのひとつだと思います。

あえてわざわざ見るための時間を確保しなくても、ふとしたときに作品が目に飛び込んできたり、朝な夕なにどんどん変化する光の中でアートの一瞬の変化を鑑賞できたり。日常の中にアートがある喜びは、そんな日々の積み重ねにあります。

アートの楽しみ方をより盛り上げてくれることのひとつが、アートに花や植物をかけ合わせること。自然のものである花や植物と、人が強い意志を持って制作するアート。相反するからこそ、相性はとてもよく、互いに引き立て合い、どちらの魅力も増すと私は考えています。どう組み合わせて、どのように飾るかを考えることは、美術館で正面から向き合うのとは異なる視点で作品を愛でることになり、アートの新たな魅力に気づくことにもつながります。

海外のギャラリーやフェアなどで、受け付けや階段などに花が飾られていたのを何度か目にしています。アートと、花や植物とを組み合わせる楽しみを想起させる飾り方でした。その光景が印象的で、私も積極的に現代アートと、花や植物を合わせるようになりました。

アートと花の組み合わせ、私なりの答え

床の間が日本の住宅に当たり前にあったころ、掛け軸に描かれた絵との相性を考えながら、花をいけることは自然に行われていました。花は絵を引き立て、季節感を表現する存在でありました。

掛け軸＝《イコール》アートと考えれば、私が好きな現代アートと花を組み合わせることは、なんら邪道なことではなく、かえってアートをより魅力的に見せてくれるといっていいのではないでしょうか。

とはいえ、アートの存在をかき消してしまうほど花が主張する飾り方はしません。以前はかなり真剣にフラワーアレンジメントを習っていた私ですが、アートと暮らすようになってからは、花を前面に押し出して飾ろうという気持ちはなくなり、アートと花、どちらともをより魅力的に見せる飾り方をしなければと思うようになりました。

そんなときに出会ったのが、横川志歩氏の投げ入れ。凛として美しい自然の姿をそのまま家の中に連れてきたかのような、凛として美しい花のいけ方にピンときて、早速、お稽古をはじめることに。ただ投げ入れるだけに見えるのに、「自然に」いけることの難しさたるや！　完全な修業の身ですが、投げ入れと現代アートの互いを高め合う相乗効果にすっかり陶酔し、なんとか上達したいと願っています。

私がアートと花を組み合わせるときに意識するのは、さりげなさ。アートの創造性を邪魔せぬよう、花には自然体を求めます。アートにかぶりすぎると邪魔になりますが、離れすぎていてもバランスはよくありません。ほんの少しだけアートと重なるようにし、つかず離れずの距離感を大切にしています。

横川志歩氏は東京・神楽坂、京都などで「なげいれ 花の教室」を主宰。
https://nageire.jimdo.com

アートとインテリア

インテリアコーディネーターとしてキャリアを積んだあとに、
まったくゼロからアートの世界へと足を踏み入れました。
インテリアの仕事を長くしていたので、アートをご紹介しながら、
作品をどう飾り、ともにどう暮らすかまで提案できるのが、私の強み。
アートはインテリアありきで選ぶべきではないけれど、せっかくなら
インテリアをも上質にしてくれるコツをお伝えしたいと思います。

壁とアートのバランス

Artist：チェン・ルオビン

ソファ幅の半分を目安に作品を飾る

ソファ上の壁にアートを設置する場合、インテリア目線だけでいうと、ソファの半分くらいの幅を埋めるようにアートを飾るとバランスがよくなります。だからといって、サイズを決めてアートを探すというのは本末転倒なので、あくまでも作品第一にセレクトを。飾りたい作品1点では幅が足りないなら、写真のように大小2点や、サイズを混ぜつつ複数の作品を並べて、幅を出すようにするとバランスが整います。

サイズはじつは関係ない!?

わが家の玄関ホールで撮影した2枚のアート。一見小さすぎるかと思える左の作品も、アート自体に色のパワーがあるので存在感は十分です。一方、右の作品は大きすぎると感じますか？自然なやさしい色合いで、壁に溶け込むような雰囲気なので、問題ありません。結局は、サイズではなく、作品と場所の相性が大切。だからこそ、飾る場所を決めてからアートを選ぶのではなく、アートを選んでから飾る場所を探すほうが理にかなっているのです。

Artist：横溝美由紀（左）、沖見かれん（右）

基本の壁の飾り方

1

アートを壁に当て、高さや位置などのバランスを見定める。ひとりが作品を持ち、もうひとりがいろいろな角度から見るとよい。

2

決めた位置のフレームの上部分にマスキングテープを貼るか、あとで消すことができるように鉛筆で印をつけておく。

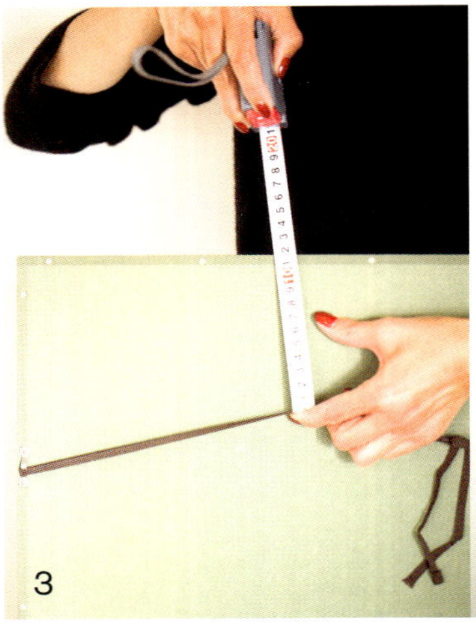

3

フレームをひっくり返し、裏側のひもを引き上げた状態からフレームの上部までの長さを測る。

4

2でつけた印から、3で測った長さ分を下がったところに、あとで消せるよう、鉛筆で印を付ける。

5

4で印をつけたところにフックのいちばん下がくるように、壁にフックを取り付け、ひもをひっぱりながらフックを引っ掛ける。

6

正面から見るとフックは見えないので、手探りで探して引っ掛けて。または、作品を上から下へ壁に沿って平行移動させてもOK。

飾る高さには、要注意

アートを飾るコツとして、私がしつこいくらいにみなさんに伝えているのが、高さのことです。ここを間違えると、せっかくのアートがもったいないことになるので、要注意です。みなさん、バランスがよい位置よりも高く飾る傾向があります。昔の日本家屋では長押(なげし)になにかを掛けることが多くて、その位置が日本人のDNAにすりこまれているのかも？　ぜひ、低めを意識してください。その作品を見るであろう、さまざまな角度から、そしてソファや椅子から見ることが多そうなら、座って位置確認をしてみることも大切です。

大きな穴をあけずとも取り付けられるフックも増えています。私は重さに応じて、何本かのピンでフックを固定するタイプのものを使っています。また、軽い、小さい作品なら、細ピン1本でも設置は可能です。

壁に穴を開けることができない場合は

Artist：坂田峰夫

せっかくのアートですから、壁に設置してほしいと思います。穴を開けるのに抵抗があるかたには、いつも「No Hole, No Art！」と背中を押しています。でも、居住空間の都合で不可能な場合もあります。そんなときは、棚に置いて飾るのはいかがでしょうか？　また、少しカジュアルな印象になりますが、フレームに入ったものを床に置くというのも一案です。穴が開けられないという理由でアートをあきらめないでください。

2面で考えて立体的に

住まいというのは、1面の壁だけで成り立っているわけではありません。作品の数が増えてきたら、1面に飾ることにとらわれず、空間のいくつかの壁面を利用してアートを設置してみてください。コーナーを使って、アートを向き合わせたり、奥と手前の壁をリンクさせたり。アートと暮らす楽しみのひとつです。

Artist：ジョミ・キム（左）、大西伸明（右）

フレームでアートは変わる

フレームの有無がもたらす効果

キャンバスなどに描かれた平面作品の場合、フレームありがいいか、なしがいいかは好みだと思います。あると作品を引き締め、凝縮された印象になり（左）、ないと外へと広がる印象（右）になる気がします。また、キャンバス作品の場合、アクリルやガラスなどで表面を覆わない仕立てにすると、反射を気にせず、鑑賞できます。

Artist：横溝美由紀（左）、チェン・ルオビン（右）

額装用マットがもたらす効果

額装するときに、作品とフレームの間に挿入するものがマットです。マットを入れることで、作品とアクリル面が直接触れることを防ぎ、作品を保護することができます。また、作品の魅力を効果的に見せる意味合いもあります。マットを大きくとると余韻が生まれ、少なめにすると作品のパワーがダイレクトに感じられます。設置する壁が色柄の場合は、マットが緩衝材となり、作品を引き立たせます。

Artist：藪本絹美（左）、天野憲一（右）

Chapter_2:

Visit museums, galleries, hotels...

アートを訪ねる

おでかけアートで、自分の目と感性を鍛える

「アートを暮らしの中に」という提案は、とてもシンプルに日々を豊かにしてくれると思っているのですが、「無理！」と、首を大きく横にふられるかたは少なくありません。もし「家の中にアートをひとつ」との提案が、ハードルが高いと感じるなら、まずはアートを「見る」ところからはじめるのは、いかがでしょうか？

見るとなると、美術館やギャラリー訪問が最初に頭に浮かぶと思いますが、どちらもアートを学ぶという視点になってしまい、かえって暮らしから遠ざけてしまう側面もあります。私がよく、おすすめしているのはホテルや公共の施設のアートに注目するということ。旅をしたり、ショッピングをしたりといった楽しみの中に自然に入ってきますから、かしこまってギャラリーや美術館で作品と対面するより、素直な気持ちで向き合うことができ、アートを身近に感じられます。

ホテルなどでは、飾り方のヒントも見つかります。スケール感が違って参考になりにくいと思いがちですが、意外にそうでもありません。例えば、コンソールテーブルの上に立体作品が置かれ、その上の壁に平面作品が掛けられているホテルのロビー。そのままの大きさで家に置くことは難しくても、バランスを頭に入れておけば、いざ、わが家にアートを迎えたときに、「飾るべき場所はここ！」と即、わかるようになるはずです。

アートに力を入れているホテルなら、飾られている作品のリストをくれたり、作家名を教えてくれたりということもありますので、好きと思う作品があったら、どんどんスタッフに聞いてみましょう。そんなふうに、自分の好きなアーティストを見つけるのも楽しいものです。

レストランやホテルに行ったときに、器の中やテーブルコーディネートだけに目を奪われるのではなく、ぜひ、そのまわりにも意識を向けてください。そうすることで、アートを見る目は養われ、感性も磨かれます。

そんなことを繰り返していると「ここにあるべき」という場所にアートがないことにも気がつくはずです。料理もテーブルもインテリアもすてきなのに、「アートがない！」と思うレストランに出会うこともたびたび（笑）。そんな見方をするかたが増えれば、日本のあちこちのアートがもっと充実してくるはずです。

「現代アートはわからない！」でまったく問題なし

アートのハードルが高くなってしまうのは、知識の裏付けがないと楽しめない、もしくは恥をかくと思い込んでいらっしゃるかたが多いからだと私は思っています。恥をかくのを避けるあまり、先手を打つかのように、「これがアート？　まったくわからないよ！」と言い放って、鑑賞すること自体を固辞してしまう。とくに、なにが描かれているのかさえもわからない作品が多い現代アートは、なおさら敬遠されがちです。

今、あなたが感じていることが、正解なんです——。そう言われれば、もう少し、作品と向き合ってみようという気持ちになっていただけるでしょうか？

「なんじゃ、こりゃ!?」でもいいですし、単に「なんか、めっちゃ好き」でも、いいのです。わからないから見ないのは、本当にもったいないことです。

実際のところ、現代アートの鑑賞方法には正解はありません。正解がないから楽しいし、おもしろい。「アートはわからない」と言っている人こそ、先入観なしにアートを見られるはずなので、もしかしたらいちばんアートを楽しめる立場なのかもしれません。

作品の前に立って、好きか嫌いかと自問してみるだけでいいんです。パッと見て直感で好きだと感じた作品だけを、ちょっと意識してじっくり見てみる。そして、いったい何が描いてあるんだろう、作家の意図はどこにあるんだろうと心の中で考える。だれかがあなたに対して答え合わせを要求してくるわけではありませんから、恥ずかしい思いをすることなんてありません。ただ、シンプルに直感で見る。それだけのことでいいのです。

もし、今度、どこかでアートを見て、「やっぱり、わからないな～」と感じたら、わからないからこそ、このアートを楽しめるんだと発想の転換をしてみてください。そうやっていくうち、少しずつアートを見る楽しさがあなたの中に積み重なってくるはずです。

ちなみに、わからないと言い放ってアートを敬遠している人にこそ、「自宅に作品をひとつ」をおすすめします。アートと暮らすうち、いつのまにかアートに対する劣等感のようなものが消え、アートと〝＝《イコール》〟の立場で向き合えるようになります。パートナーやお子さんがそんなタイプだったら、ぜひお試しください。

ホテルでアート

ホテルはだれにとっても気持ちが上がる場所なのではないでしょうか？
なかでも、おでかけ先としても楽しいラグジュアリーホテルは、
空間全体でお客様をおもてなししようという気持ちでしつらえられています。
アートでも「おもてなし」の気持ちを表現しているホテルを訪ねました。

▲レストランの入り口で迎えてくれる三嶋りつ恵氏のガラス作品。中に金とフランスの砂が入っているというストーリーもすてきです。「わが家のエントランスにどうかしら？」などと妄想しながら見ると、鑑賞がさらに楽しくなります。

Artist：三嶋りつ恵

◀ロビーのガラス作品も、三嶋りつ恵氏の作品。京都の竹林をイメージしたそうですが、竹林が月明かりに照らされたかのような輝きで、凛とした優雅さに心惹かれます。ベネチアンガラスのチューブを何本も使い、銀を流し込んで制作されているのだとか。

Artist：三嶋りつ恵

訪ねたのは

The Ritz-Carlton, Kyoto

ザ・リッツ・カールトン京都

京都・鴨川沿いの抜群な立地にあり、空間やサービスの質の高さに定評があるホテル。現代アートのコレクションも質、量ともに、さすがの一言。多くの作品が、ここのために制作されたという贅沢空間なので、宿泊はもちろん、食事やティータイムにもおすすめ。

住所：京都市中京区鴨川二条大橋畔
TEL：075-746-5555
http://www.ritzcarlton.com/jp/hotels/japan/kyoto

客室内のプライベートエリアにもじつは、ぜひとも見ていただきたいアートが目白押し。客室内にあるアートは、より自宅との共通項が見つけやすいので、「いっしょに暮らすならどれ？」とより感情移入して鑑賞ができます。こちらは、ザ・リッツ・カールトン・スイートのベッドルーム。

Artist : 寺島みどり

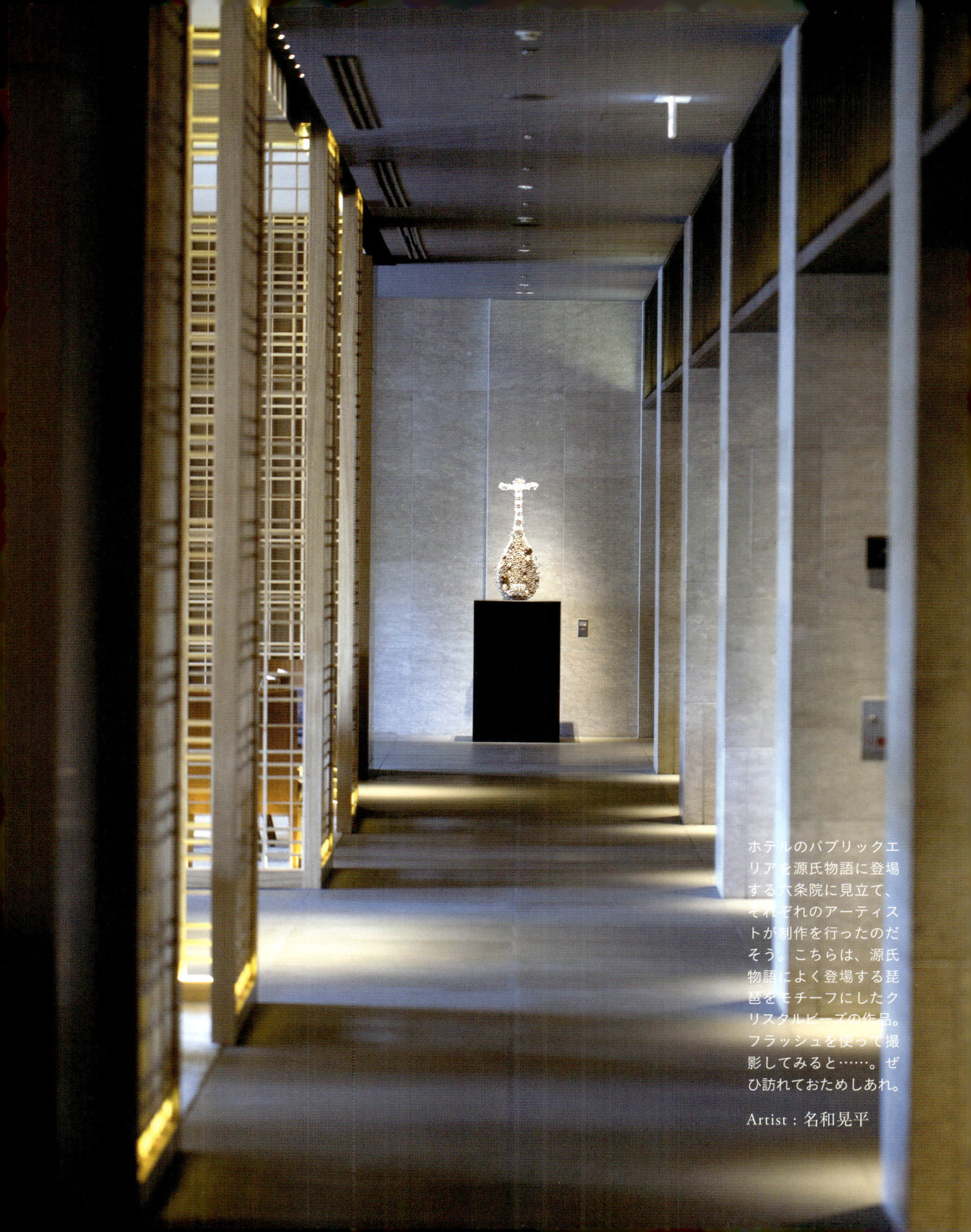

ホテルのパブリックエリアを源氏物語に登場する六条院に見立て、それぞれのアーティストが制作を行ったのだそう。こちらは、源氏物語によく登場する琵琶をモチーフにしたクリスタルビーズの作品。フラッシュを使って撮影してみると……。ぜひ訪れておためしあれ。

Artist：名和晃平

▼1階化粧室に飾られているのは、私も作品を所蔵している法貴信也氏のもの。「ホテルのアートを自宅にも」。そんな視点で散策すると、よりワクワクします。

Artist : 法貴信也

▲イタリア料理「ラ・ロカンダ」の中にある、壁を覆う作品。窓越しに自然光が入ってくるので、時間によって、日の出だったり夕焼けだったりを想像させます。

Artist : 大舩真言

▶源氏物語絵巻の情景を元に描かれたという作品。光の加減で見え方がものすごく変わるので、正面からだけでなく、いろいろな角度から眺めてみると、より楽しめます。

Artist : 横内賢太郎

アートツアーに
参加すると理解が深まる

宿泊者限定のサービスではありますが、パブリックスペースのアートをご案内いただけるツアー（無料）があります。作品のディテールや背景を知るとアートを見る視点が変わり、滞在の間ずっと楽しめるので、チェックイン直後に参加するのがおすすめです。

アート散策が楽しめる

ホテル & 商業施設

アート鑑賞とまで肩に力を入れなくても、旅やお食事、ショッピングの流れの中で、
アートを楽しめる場所があればうれしいもの。そんなスポットをご紹介します。

2

3

1

パレスホテル東京

1 Artist : 山本 晶
2 Artist : 黄 洲青
3 Artist : 片山雅史

住所：東京都千代田区丸の内1-1-1
TEL：03-3211-5211
https://www.palacehoteltokyo.com/art

丸の内1-1-1という、すばらしい立地のラグジュアリーホテル。本書でご紹介している横溝氏、平体氏、藤堂氏などをはじめ、なんと約720点ものアート作品が配されているのだそう。ホームページに作品詳細が掲載されているので、確認しながらの鑑賞もおすすめ。

2

1

フォーシーズンズホテル京都

住所：京都府東山区妙法院前側町445-3
TEL：075-541-8288
https://www.fourseasons.com/jp/kyoto

1 Artist：横溝美由紀　2 Artist：藤堂

京都でリゾート気分も味わえると評判のホテル。名園として知られる「積翠園」を受け継いでいるだけあって、雅な雰囲気の中に数々のアートが飾られています。ホテルの庭園改修時に取り出された古い庭石を生かし、現代的な石庭を作り上げた、藤堂作品が印象的。

GINZA SIX

住所：東京都中央区銀座6-10-1
TEL：03-6891-3390（受付時間 10:30-20:30）
https://ginza6.tokyo

Artist：塩田千春《6つの船》
※展示は順次、変わります。

「身近にアートと触れ合える豊かな生活」を提案している、銀座エリア最大の商業施設。ショッピングのついでにアートを鑑賞できます。吹き抜け空間のダイナミックな作品も毎回楽しみです。「楽園と境界」をテーマにした、躍動感にあふれる船井美佐氏の作品にも注目を。

アート鑑賞を楽しくしてくれる妄想

アートをもっと楽しく見るために、そしてより深く見るために、私がおすすめしているのは「妄想」です。思わず笑ってしまうような方法かもしれませんが、これがかなり効果的なのです。

美術館でも、ギャラリーでも、ホテルでも同じです。いつも、「わが家に持って帰るならどれ？」と考えながら見るようにしています。それもかなり真剣に。と、ここまでは、多くの著名人もおっしゃっていることなので目新しくないかもしれません。でも、私の妄想はさらに続きます。「わが家に飾るなら、どこ？」まで考えるのです。アートと暮らすことのすばらしさを、つねづね声高に訴えている私ですから、やはりいっしょに暮らすところまで考えてこそ、妄想です。

私が好きなアーティストは数が多くて、なかなかこの人！とは言いきれないのですが、妄想を強くかき立てられるのは、ロバート・ライマン氏が筆頭。ライマン氏は白の作品がとても印象的な作家で、最近東京で見た展示は、空間に身をおいたときに鳥肌が立って涙が出そうになったほど。村上友晴氏も大好きで、氏の作品を前にすると、祈りを捧げるような気持ちになるのです。

ここで、私の妄想がはじまります。「ライマン作品をリビングに飾るんだったら、これよね」「玄関正面には、あちらかな」と、わが家に置くならのイメージを広げていきます。村上作品を見ていたときは、妄想が加速。「村上作品が合うのは、今の家じゃないんだよね〜、和モダンの家を建てて、障子に囲まれた部屋を作り、ポール・ケアホルムの黒革張りのベンチソファを置く。そこにポツンと飾って毎日向き合うことができたら」と、家を建てるところまで気持ちが盛り上がりました。

はい、ただの妄想です。でも、こういう妄想を繰り広げるだけでアート鑑賞の楽しみは広がります。まじめな話、アートを漫然と眺めるより、ぐっと作品に気持ちを添わせることができ、アートへの理解も深まるのです。

だれかといっしょに鑑賞していたなら、「どれが欲しかった？」と語り合うのも楽しいですし、ひとりなら、とことんひとり遊びとして楽しむのも、私のおすすめ。もちろん、自分がアートを買うときの訓練になることも間違いありません。

美術館で全展示作品を見る必要はない

アートをわが家に迎えたり、ホテルや公共の施設などでも意識して鑑賞したりしているうちに、しだいにアートに対して抱いていた垣根が消え、美術館やギャラリーでも構えることがなくなります。すると、頭でっかちの「美術鑑賞」をしなくてもよくなってくるはずです。

ところで、美術館やギャラリーでのアート鑑賞は、どう楽しんでいらっしゃるでしょうか？ 並んでいる人の列の後ろについて、最初の作品から順に、ひとつひとつキャプションを読みながら、最初から最後までしっかりご覧になるかたが多いかもしれません。

私は、展覧会で全作品を見ようとよくばらないようにしています。実際、全部を見ようとしたところで、途中で頭に入ってこなくなり、無理なんです。

私がするのは、まず、全体をざーっと「流し鑑賞」すること。それが終わった後、これぞと気になった作品に戻って、じっくり見るのです。たくさんのアートが並ぶなか、すべてに全力投球するのは大変ですが、自分が好きと思った作品に絞れば、時間をかけることができます。私は滞在時間の半分を好きな作品ひとつの前で過ごすこともあるほど。それくらい、ひとつの作品に時間をかけると、寄って、引いて、キャプションを読んでいろいろ想像して、背景を考えてという具合にじっくりとした鑑賞が可能です。全作品に対して、そんなことは到底できないから、この鑑賞法に至りました。

鑑賞法は、人それぞれでいいと思うのですが、全作品を見なくていいと割り切るのは、おすすめです。全部見なければと意気込むから時間がかかり、美術館に行くことがおおごとになってしまいます。それで美術館が遠のいてしまうくらいなら、数点しっかり見られればいいと気軽に構え、鑑賞法を変えてみてもいいかもしれません。そうすると、少ないながらも作品の記憶が頭に刻まれ、作品からのメッセージも受け取りやすくなります。

どの作品に時間をかけようかと思いながらざっと見ることは、手を抜いているようでいて、じつは真剣勝負。全部を漫然と見るよりも、本気で鑑賞することにもつながります。こうやって鑑賞することは、自分が好きだと思うアートを知ることにもなり、いざ、アートを購入しようというときにも役立ちます。

知識があると、アート鑑賞はもっと楽しい

知識がないほうが、素直にアートを受け止められて楽しい。妄想を頭で繰り広げるだけで、アート鑑賞は深まる。そう書いたはなから、こんな見出しですみません。でも、素直な気持ちでアートを見ることを重ねていくうち、自然にその背景が知りたくなるのも事実なのです。

もう一度書きますが、「わからない」という人が、無理に知識を仕入れるところからはじめる必要はないんです。素直にわからないという感想を持ちながら、アートと向き合うことが大切だと思っています。でも、ちょっと自分なりに「わかる」ようになり、アートが好きだと感じるようになってくると、知識を欲するようになります。とくに、現代アートは、パッと見て理解ができることが少ない分、そう思うことが多いかもしれません。そこではじめて、「勉強してみようかな」と本を手に取るなり、講座に通うなりするといいと思います。

私自身がそうでした。最初は、直感で「これが好き」「あれに惹かれる」という具合に鑑賞していましたが、次第に知りたいという気持ちがむくむくと湧き上がってきたのです。私の場合、まずは現代アートの背景が知りたくなり、本を手に取るようになりました。学ぶにつれ、歴史も知りたくなり、アート史にも手を出すように。そうやって、少しずつ勉強するようになってみてわかったのは、現代アートは脈々と続く、アートの歴史の流れの中にあり、突然現れたわけではないということ。当たり前のことなので、頭ではわかっていたはずなんですが、勉強するうち、心にすとんと、腑《ふ》に落ちる瞬間がありました。そういうふうに自分なりの理解が深まると、さらにアートを鑑賞するのが楽しくなるので、もっと背景を知りたいなと思ったら知識の仕入れどきだと思います。

ひとつだけ、学術的な専門家でない私だからこそできるアドバイスを。アートを学びたいと思ったとき、突然、西洋のアート史、それも古い時代から手を出さないこと。歴史の勉強を縄文時代からはじめると脱落するのと同じで、そこからはじめると、いちばん知りたいところに到達する前に挫折します。まずは、好きと思う作家を取り上げた本を読んだり、映画を見たり。そんなところからはじめて、興味を広げていくのがいちばんです。

アートを見ることで「感動のマイル」を心に貯める

年に1回ほどのペースではありますが、現代アートの世界にどっぷり浸りたいと思って、アートフェアや大規模な美術展を目的に、海外へ出かけます。ここでたくさんの刺激を受け、仕事にもよい影響があればと願ってのことです。でも、最前線のアートをたくさん鑑賞したからといって、突然大きな変化が私自身に起きるわけではありません。「一体なんのために、私は海外まで行って、現代アートを見ているのだろう?」と、思うこともあります。

5年ほど前、母とオランダ・ベルギーの旅に出かけたことがありました。親孝行旅ということもあり、このときは現代アートは封印していたのですが、ぜったいに見逃したくない展覧会が開催されていることを知り、母を別の美術館に残して無理やり出かけました。それはミヒャエル・ボレマンス氏の大規模な個展。もう、これが最高!　本当に偶然知って、なんとか駆け込んだ展覧会だったのですが、深く感動し、忘れられないときを過ごしました。この時間のために、ベルギーに行ったのだと確信したほどです。

その翌年のベネチアでジャウメ・プレンサ氏の展示を見たときは、感動のあまり「息をのむ」というリアルな体験をし、ビエンナーレ会場でヤン・ヴォー氏の作品を見たときは、高い窓から差し込む光さえ、作品の一部のように感じ、ゾクゾクッと感じる瞬間がありました。

どれもこれも一瞬一瞬のアートとの対面ですが、今も鮮明に思い出すことができるほど、心に刻まれています。

話が飛びましたが、この心を震わせる一瞬一瞬を自分の中に貯めるために私はわざわざ海外にまで出かけ、アートを見続けているのだと思います。バカみたいに感動し、その一瞬をマイルのように自分に蓄積する、ただそれだけのためです。

この本では、アートを見ることで、センスが磨かれるだの、美意識が鍛えられて、ひいては人となりにも現れるだのと書いています(それも本当!)。でも、私がアートを追いかけるのは、この感動のマイルを少しでも多く自分の中に貯めたいというのが本音かもしれません。そして、そんなマイルが自分の中に蓄積されることで、アートアドバイザーとして、また人としても、少しずつでも成長できるんだろうと信じています。

旅先こそ、アートセンスを磨くチャンス

旅先という非日常のなかに身をおいて、アートに触れる喜びはかけがえのないものです。仕事柄もありますし、そして当然好きだから、私の旅の目的は、アートということがほとんどです。

秘境と呼ばれるような、壮大な自然に身をおいてみたいという気持ちはあれど、旅に行ける回数も限られる中、やっぱりアートの旅を選んでしまいます。というのも、自然や秘境の情報は山のようにあふれ、検索ひとつで手の中で見られる時代です。ＳＮＳでも続々とアップされてきます。そのせいか、すべてに既視感が……。下手すると、ドローンによる動画のほうが、実際に見るよりも迫力があるのでは？　とさえ思ってしまうかも。もちろん、本物の自然に身をおく感動とはまったく違うものだとは知りつつ、不遜にもそう考えてしまうのです。

でも、アートは違います。例えば、ニューヨークで訪れた美術館、ディア　ビーコン。もちろん、こちらだってＳＮＳ等でさんざん目にはしていました。でも、空間に入った途端、なんともいえない感情が湧き上がってきて、感動という言葉では言い表せないくらい、心が揺さぶられました。アートがもたらす空気感はやはり特別なもの。写真や動画では、どうやっても表現しきれないと感じます。アートそのものの力はもちろん、アートの置かれた空間、そのときの自分の気持ち、年齢、経験など、いろいろなものがからみあって感動をもたらしてくれます。だからこそ、実際にその空間に身をおいて鑑賞することが大切で、同じアートであっても、その瞬間にしか味わえない感動があるのです。

こう書くと自然も同じという声が聞こえてきそうです（笑）。それなら、アートは自然と同等に人に感動をくれる存在と言いかえてもいいかもしれません。

「アートを目的に旅に出よう」とまでは申し上げません。でも、もともと旅先で美術館に足を向けるかたも多いと思います。そんなときに現代アートの美術館も選択肢のひとつに加えてみてはいかがでしょう。ルーブルやメトロポリタン美術館もいいですが、ふだん、わからないと敬遠しがちな現代アートも、心に余裕がある旅先だからか、すんなりと心に入ってくるはずです。旅先こそ、アートセンスを磨くチャンスだと思います。

アート目当てに旅に出たくなるおすすめ美術館

「もっとアートを見てほしい。それも現代アートを！」と、ことあるごとにおすすめしていると、当然のように「奥村さんのおすすめの美術館やギャラリーはどこですか？」という質問をいただきます。正直、この質問、ものすごく答えるのが難しいのです。そのときに開催されている企画展によってもぜんぜん印象が違うので、「ここ！」とはなかなかおすすめできないことが多いのです。

　地元関西だけでなく、関東でも仕事とのタイミングを合わせながら美術館やギャラリーをチェックし、好みのものが開催されていたら覗くようにしています。大好きだった東京の原美術館は閉館とのことで、とても残念です。でも116ページ〜でご紹介している美術館は庭が楽しめたり、建物自体が美しかったりと、企画展自体が好みでないときでも楽しめるということでご紹介しました。

　海外の美術館で大好きなところをいくつか挙げると、まずは、ドイツ・ベルリンにあるハンブルガー・バーンホフ現代美術館（ハンブルク駅現代美術館）です。かつては駅舎だったという建物をリノベーションした美術館で、まず建物自体がとても美しく、展示会場内がとってもかっこいい！　巨大な美術館なので、常設展、企画展も数多く、現代アートの巨匠の展示も目白押し。間違いなくいくつかは好みのアートが見つかると思います。

　そして、念願かなって訪れることができたアメリカ・ニューヨークのディア ビーコン。こちらは、ナビスコの包装印刷工場をリノベーションした巨大な美術館。収蔵作品も現代アートを代表するような作家ばかりで、コンセプチュアル・アート、ミニマル・アートが好きな私には、聖地のような場所です。自然光がふりそそぐ、スケール感の大きい展示スペースでアートざんまい。幸せすぎて、ふわふわした気持ちになりました。マンハッタンの中心から電車に揺られること1時間半ほどと郊外ですが、ハドソン川沿いの美しい自然の景色を眺めながらの遠足。遠出する価値ありです。

　スイスのバーゼルなら、近郊のバイエラー財団に。レンゾ・ピアノ氏の設計による建物もすばらしく、外の風景を時折眺めながらのアート鑑賞のひとときは最高の気分です。庭の散策も気持ちいいので、バーゼルまで行ったらぜひ。

2

1

4

3

5

7

6

アート旅の記憶

1スイス・バーゼルで行われる、世界最大級のアートフェアの巨大な会場。2バーゼル近郊のバイエラー財団。3長年訪れたかったNYのディアビーコンにて。4＆6ベネチアのビエンナーレ時に見た、忘れ得ぬ展示の数々。5ベルギーで偶然出くわしたミヒャエル・ボレマンス展。7パリのアートフェアの会場。

9

8

12

11

10

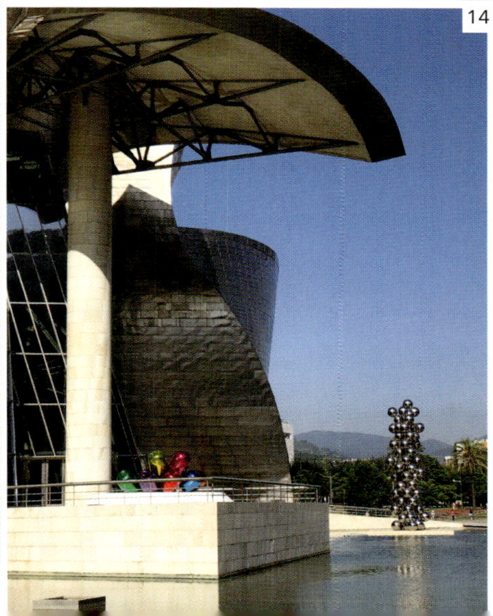

14

13

8 & 11 ベネチアで見た展示。9 ハンブルク駅現代美術館。10 NY在住のアーティスト、たちばなひろし氏とアート散策。12 ディア ビーコンでは、ロバート・ライマン氏の展示に鳥肌が！ 13 オランダのクレラー・ミュラー美術館。旅先の美術館巡りは至福の時間。14 スペイン・ビルバオのグッゲンハイム美術館。

ギャラリーでアート

アートの魅力に目覚め、アートと暮らす日々を楽しみたくなったら、
見るだけでなく、「購入」目的でギャラリーに出かける機会も出てきます。
ここでは、初心者でも気負わなくていいギャラリーをご紹介しつつ、
ギャラリーで気になるあれこれをお伝えしていきます。

訪ねたのは

MA2 Gallery

エムエーツー ギャラリー

海外のアートシーンにも精通している、女性ギャラリストによる信頼できるセレクション。ギャラリーには珍しく、自然光の気持ちのいい光の中でアートと向き合えます。知的かつ、洗練された作品をセレクトしてくれ、現代アートの難解さを払拭してくれます。

Artist：小瀬村真実

住所：東京都渋谷区恵比寿3-3-8
TEL：03-3444-1133
www.ma2gallery.com

MA2 Gallery

真っ黒な箱のようなシンプルな外観。そして、扉を開けて中に入ると広がる真っ白の空間。この対比にハッとさせられ、アートへの集中度がぐっと盛り上げられます。

Artist :
伊庭靖子(p.110上)、保井智貴(上右)、大西伸明(上左)

4つの階に分かれているMA2 Gallery。1階は自然光の入るホワイトキューブで、アートの魅力に存分にひたれます。2～4階は天井高をあえて一般住宅並みにし、アートと暮らす日々を想像しやすいよう配慮されているそう。最上階のロフトにはライブラリーも。階段を上るたび、どんなアートと出会えるか、ワクワクします。

展示作家に惹かれたら、ギャラリストに声をかけると展示作品以外にストックしてある作品を見せてもらえる可能性も。そこまでするのはハードルが高いというかたは、ギャラリーの一角に置いてあることの多い、ポートフォーリオのファイルや作品集をチェックして。作家の過去の作品や経歴を知ることができ、興味が広がります。

ギャラリー Q & A

Q 価格が出てないけれど、どうすればいい？

Answer:

作品のそばに掲示をするギャラリーもときにはありますが、価格はパッとわからないことがほとんどです。ギャラリーの入り口やカウンター付近に、プライスリストが置いてあることもあるので、そちらを手にするか、「プライスリストはありますか？」とギャラリーの人に聞いてみましょう。タイトルが掲示されていなくても、リストにはタイトルが書かれていることもあり、より楽しい、深い鑑賞の手助けにもなります。

Q ギャラリー内ではなにを見ればいい？

Answer:

「こうしなければばならない」というルールや作法はありません。自分の好きなように見ればいいと思います。でも、まずは、価格や大きさのことなどは考えず、とにかく自分の心に従って、素直にどれに惹かれるかを考え、どの作品といっしょに暮らしたいかという視点もプラスして鑑賞を。興味を持った作品があったら、会場内に置かれているポートフォーリオを見て、過去の作風や、経歴を見てみるとより興味が湧くかもしれません。

Q 購入したいと思った場合は、どうするの？

Answer:

購入したいと思ったら、ギャラリストの方に「買いたい」というだけでOK。ギャラリー側から声をかけてくることは、まずありません。あとからメールで問い合わせるかたも多いそうなので、緊張して声がかけられない場合は、そんな方法も。ちなみに購入を決めても、その場でお支払いして持ち帰るということはあまりなく、請求書を作ってもらって銀行振り込みなどで支払い、会期が終わってからお届けとなることが一般的です。

Q 服装で注意すべき点は？

Answer:

ルールはなく、ご自身が気持ちよくいられる格好で構いません。私自身が気をつけているのは、作品をご覧になるほかのお客様もいらっしゃるので、展覧会の雰囲気を壊さない服装をするということ。色が強いと鑑賞の邪魔になりそうな気がするので、モノトーンのコーディネートが多くなります。また、ギャラリーは静かなので、意外にコツコツという靴音が気になります。音があまりたたない靴を選んで出かけるといいかもしれません。

好みのギャラリーは、どう見つける？

アートと暮らす日々をはじめたい。そういう気持ちになってくると、では、「一体、どこでアートを買えばいいのか？」という疑問が浮かび上がると思います。

仕事柄、「おすすめのアートギャラリーや画廊は？」とよく聞かれますが、これまた難しいのです。せっかくギャラリーに行ったのに、居心地の悪い思いをしたという話を聞くこともあって、ますます紹介は難しいと思うようになりました。

私自身がどうやって、自分の好みに合うギャラリーを見つけたかというと、ひとつひとつ気になるところを回っていったという地道な方法でした。

そうやって、ギャラリーをたくさん回った経験から、好みのギャラリーを探したいかたにアドバイスをするとしたら、ＳＮＳを賢く利用すること。アート情報を発信しているギャラリーも増えています。作家名や、「現代アート」「ギャラリー」などのハッシュタグをチェックしたり、作家本人のアカウントを探したりという手もあります。

もしくは、①気になる作家の名前を検索する→②その作家の個展を開催しているギャラリーを見つける→③ほかにも気になる取り扱い作家がいるようなら実際に行ってみる、という流れでしょうか。

もう少し、効率よくアートを探したいと思うのなら、各地で行われているアートフェアを利用するといいかもしれません。アートフェアとは、ひとつの会場にさまざまなギャラリーが集まり、展示販売するという催しです。ギャラリーがそのとき一押しする作家の作品を取り揃えて一堂に会しているうえ、たくさんの人が見て回っているので、緊張することなく、いろいろなタイプの作品に出会えます。

「アートフェア東京（例年３月）」、「ART OSAKA（例年７月）」「ART NAGOYA（例年２月）」「アートフェアアジア福岡（例年９月）」などが代表的。規模はそれぞれですが、アートフェア東京なら、国内外から160ほどのギャラリーが参加します（２０１９年の実績）。

ちなみに、日本でいちばん小さなアートフェアと称して、私が大阪で毎年10月に開催している「ART NAKANOSHIMA」（158〜159ページ参照）は、シャンパン片手にアート鑑賞ができ、とびきりおしゃれで洗練されているのに、敷居が低いので、ぜひ、ご参加ください（笑）。

ギャラリーは緊張して入れない、というあなたに

　アートを買おうと思ったとき、やっぱりギャラリーや画廊を訪ねてみるところからはじめようと考えるのが、ふつうかもしれません。でも、あの雰囲気が苦手で入れない、緊張してしまうというかたも多いようです。意を決して入ったのに、なんだかスノッブな雰囲気で、楽しめなかった。それどころかギャラリーに値踏みをされたような気持ちになって落ち込んだという声を少なからず聞きます。

　じつは、私のように仕事も兼ねて何度もギャラリーに行っていても、そういう思いをすることがあります。さすがに緊張はしないまでも、「相手にされていないな」と感じることは、今でもあります。頭ではそうじゃないと理解していても、「場違いなところに入ってしまったかしら」と感じるくらい、そっけないギャラリーは、やっぱりあるんです。でも、仕事としても、個人としてもアートに深く関わっている人間でもそうなのか！　と思えば、ちょっとは気楽になっていただけるのではないでしょうか？

　私が懇意にしている、MA2 Galleryのギャラリスト、松原昌美さんにお話を伺うと、ギャラリスト側から声をかけないのは、「作品と向き合うお客様の時間を邪魔したくないという気持ち」なのだそう。ちらっとこちらを見ても、なにも言わないのは客を無視しているのではなく、「どうぞ、ご自由にお楽しみください」とのメッセージ。だから、静かに入って、そのまま静かにアート鑑賞をすればいいと思います。

　そして、気になる作品があったら、「この作品、すてきですね。いいですね」とシンプルに声をかけてみませんか？　ギャラリスト側としても、アーティストの代弁者として、制作意図など、伝えたいことはたくさんあるので、どんどん話しかけてほしいと思っているのだそう。

「本当に好きな作品とともに暮らせるのは、とても豊かなことです。そして、もしかしたら、自分が作品を持っているアーティストが成長して、あるとき美術館でも出会えるかもしれない。そう考えると、ワクワクしますよね」と松原さん。

「若手の小さい版画作品なら、2〜3万円で入手できますよ」とも。それなら、やはりポスターより、ぜひ本物を！　小さな一歩を踏み出すと、アートの世界がどんどん開けていくはずです。

奥村くみおすすめの

美術館&ギャラリー

美意識を鍛え、アートを身近に感じることのできる美術館&ギャラリーをご紹介。
建築や庭も楽しめる美術館や、ショッピングの流れで訪れることのできるギャラリーです。

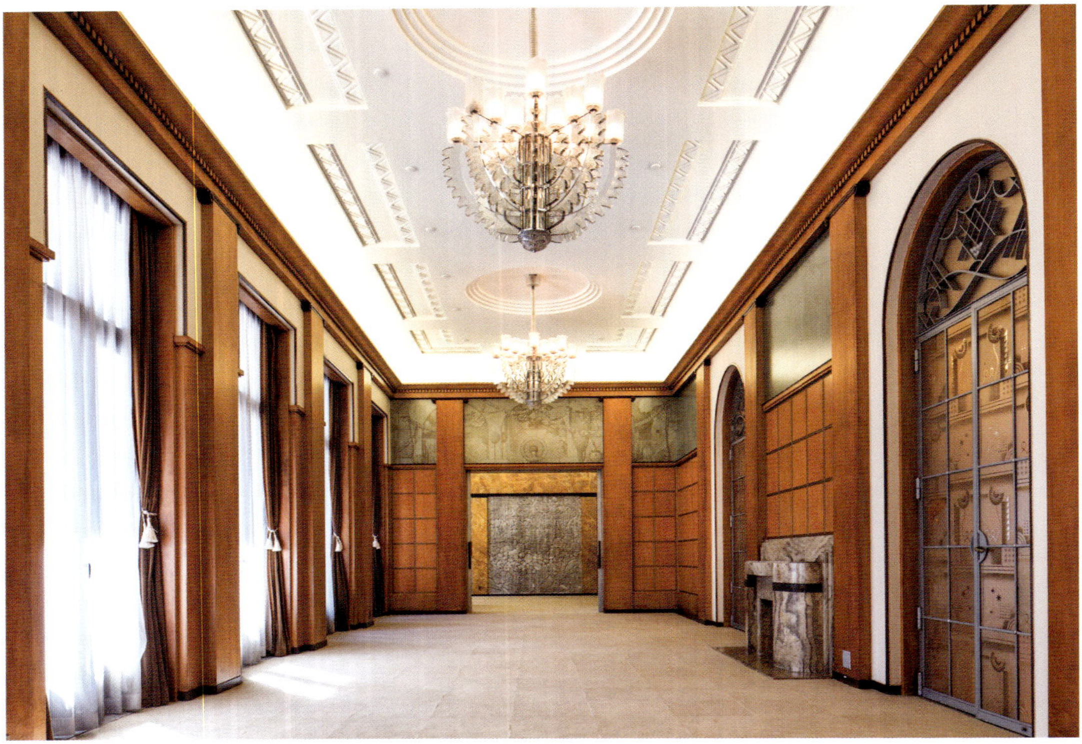

1

東京都庭園美術館

昭和8年に竣工した、朝香宮家の邸宅を生かした美術館。迎賓館としても使われていたというだけあり、建物や庭園のためだけにでも訪れる価値のある、ずっと大好きな場所です。現代アート系の展覧会もときどき開催されるのですが、アール・デコ様式を取り入れた空間との調和、または対比で、作品を楽しむことができ、ほかの美術館では味わえない感動に出会えます。

5

4

3

2

住所:東京都港区白金台5-21-9
営業時間:10:00～18:00(入館は17:30まで)
定休日:毎月第2・第4水曜日
(祝日の場合は開館、翌日休館)　年末年始
入館料:展覧会により異なる
(庭園のみの入場料　一般200円ほか)
問い合わせ先:03-5777-8600(ハローダイヤル)
https://www.teien-art-museum.ne.jp

1 本館(大客室)
2 本館(次室と香水塔)
3 本館(正面玄関)
4 新館(外観)
5 本館(正面外観)

1

1「トゥオンブリー・ルーム」
2「ロスコ・ルーム」
3 外観

3

2

DIC 川村記念美術館

マーク・ロスコやサイ・トゥオンブリーなど、大好きな作家が常設展示されていたり、コレクション展や企画展もすばらしかったり。関西に住んでいる私からすると、地元のかたがうらやましい！ と言いたくなる、おすすめの美術館。ピカソ、モネ、シャガールなど、だれもが知る作家のコレクションも。アート鑑賞のあとに庭園でのんびり緑や鳥たちを眺めれば、本当のぜいたくな1日が過ごせます。

住所：千葉県佐倉市坂戸631
営業時間：9:30～17:00
定休日：月曜
（祝日の場合は開館、翌平日休館）
年末年始ほか
入館料：展示内容による
（目安：一般900円～1300円）
問い合わせ先：050-5541-8600
（ハローダイヤル）
http://kawamura-museum.dic.co.jp

銀座メゾンエルメス フォーラム

住所:東京都中央区銀座5-4-1　8階
営業時間:11:00〜20:00(入館は19:30まで)、
日曜のみ11:00〜19:00(入館は18:30まで)
入館料:無料
定休日:不定休
問い合わせ先:03-3569-3300

銀座メゾンエルメスが2001年にオープンした際に設けられたアートスペース「フォーラム」。アーティストとともに創造する空間として、新作を中心とした展覧会を年に約4本のペースで開催。洗練空間で、現代アートを楽しめる妙ったら！

「ピアニスト」向井山朋子展より Just before | 2019 | 14 台のピアノによるインスタレーション、ピアノパフォーマンス
Installation of 14 pianos, Piano performance ©Nacása & Partners Inc. / Courtesy of Fondation d'entreprise Hermès

資生堂ギャラリー

住所:東京都中央区銀座8-8-3
東京銀座資生堂ビル地下1階
営業時間:平日11:00〜19:00、日曜・祝日11:00〜18:00
入館料:無料　定休日:月曜(月曜が祝日の場合も休館)
問い合わせ先:03-3572-3901
https://www.shiseidogroup.jp/gallery

1919年にオープンし、現存する日本で最古の画廊といわれているそう。現在は東京銀座資生堂ビルの地下1階で、現代アートを主軸に展覧会を行なっています。ショッピングついでや時間が空いたときにふらっと立ち寄るなど、現代アートを気軽に楽しむことができる、ありがたい場所です。

「蓮沼執太:　〜　ing」 2018年4月6日〜6月3日　撮影:加藤健

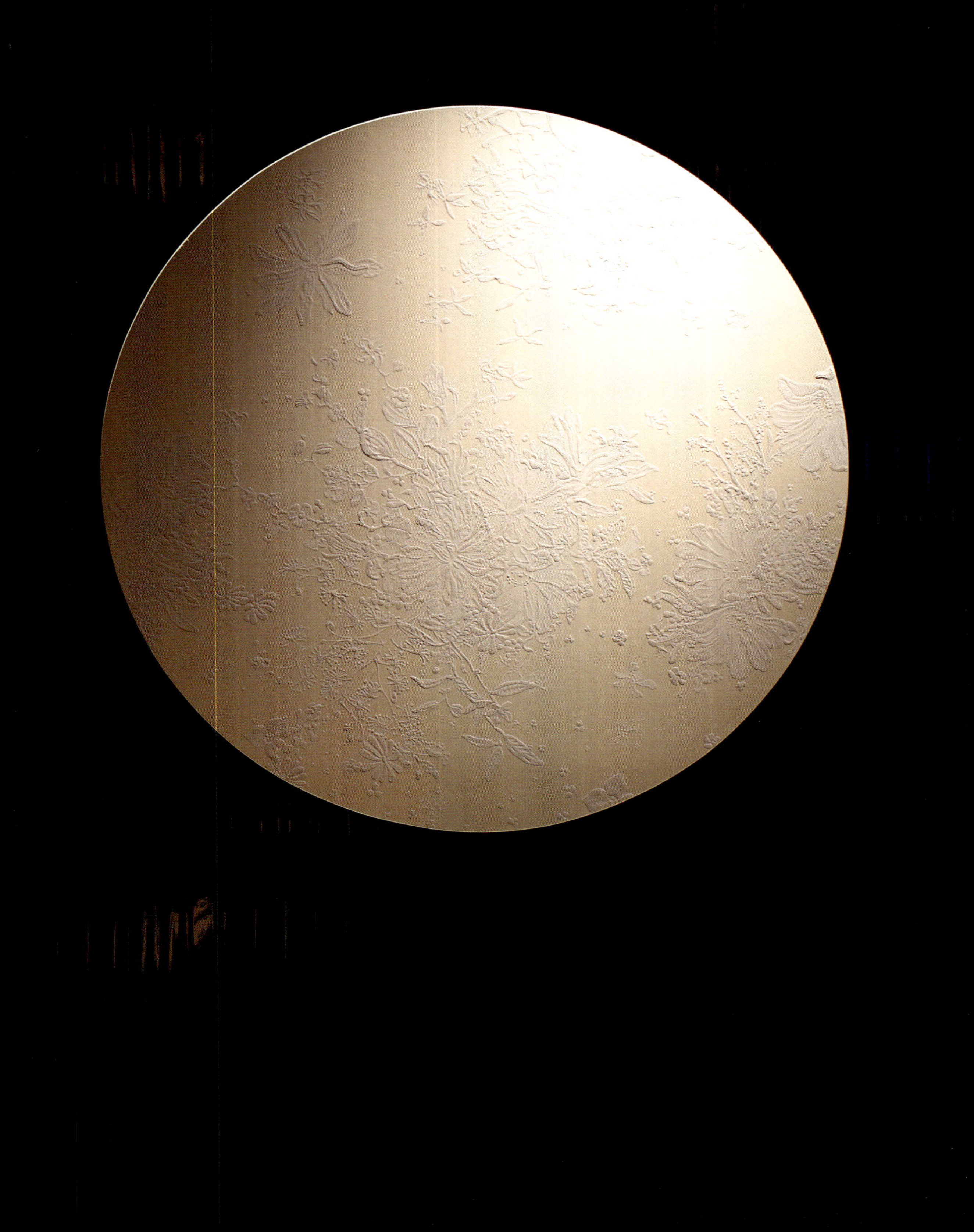

Chapter_3:

Encounter with Art

アートと出会う

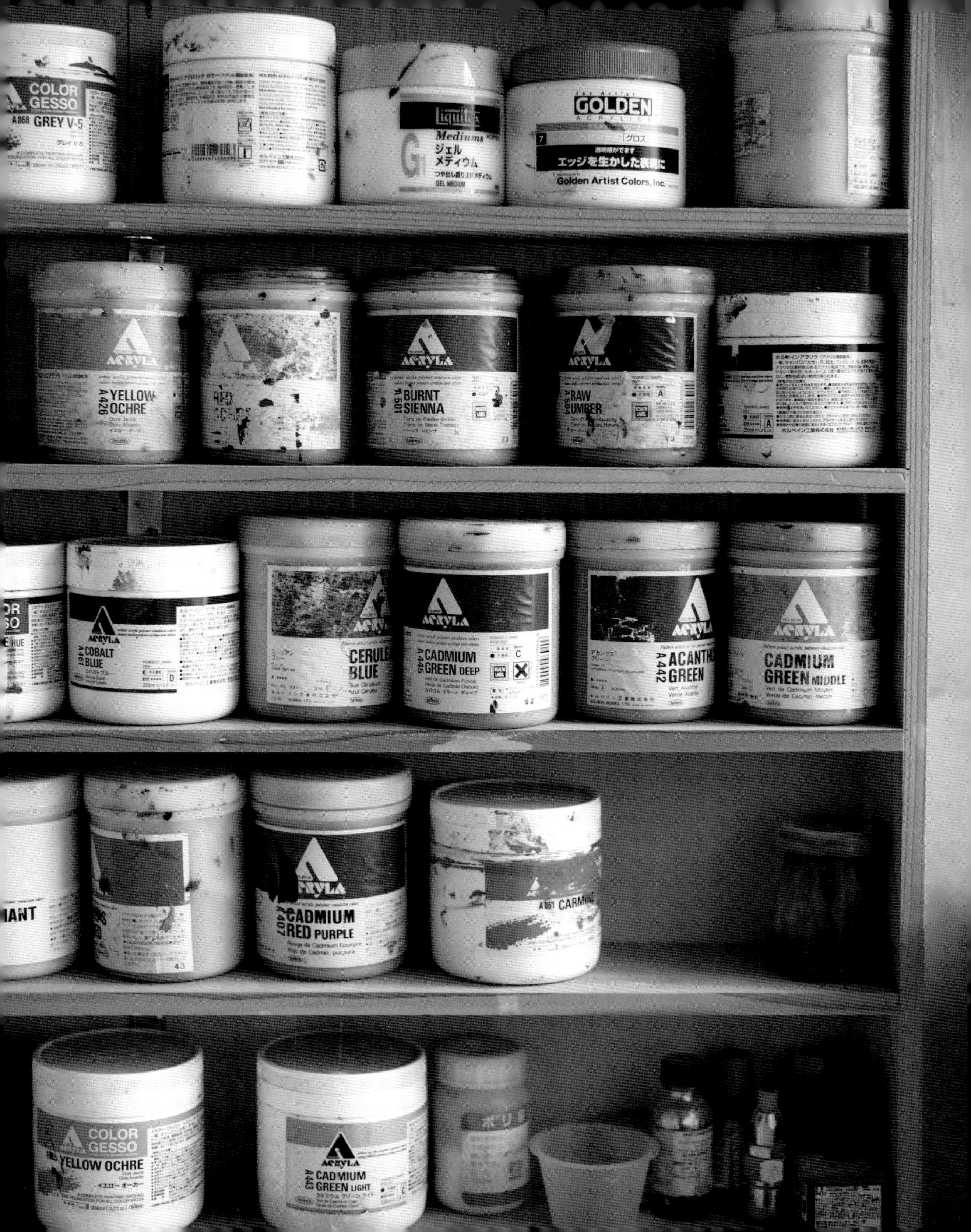
COLOR GESSO
A 868 GREY V-5
グレイ V-5
Liquitex
Mediums
ジェル
メディウム
GEL MEDIUM
GOLDEN
ACRYLICS
透明感がでます
エッジを生かした表現に
Golden Artist Colors, Inc.
ACRYLA
A 426 YELLOW OCHRE
ACRYLA
ACRYLA
A 501 BURNT SIENNA
ACRYLA
RAW UMBER
ホルベインアクリラ
ホルベイン工業株式会社
ACRYLA
A 461 COBALT BLUE
コバルトブルー
CERULE
BLUE
ACRYLA
A 445 CADMIUM GREEN DEEP
カドミウム グリーン ディープ
ACRYLA
A 442 ACANTH
GREEN
ACRYLA
CADMIUM GREEN MIDDLE
ACRYLA
A 407 CADMIUM RED PURPLE
A 851 CARMINE
COLOR GESSO
YELLOW OCHRE
イエロー オーカー
ACRYLA
A 443 CADMIUM GREEN LIGHT
カドミウム グリーン ライト

だれかのファンになって、追いかけることのおもしろさ

相手がどんなに有名な大作家であっても、「自分の家に飾るなら」という妄想をしてしまう私です。例えば、100ページでも触れたロバート・ライマン氏の作品は、「美術館に預かってもらっているの」なんて、勝手に思っているほど(笑)、大好きです。２０１８年に東京で開催された個展ではすばらしいギャラリー空間と相まって過呼吸になるかと思ったくらい感動しました。これからも氏の作品を鑑賞する機会があれば、できるだけ足を運ぼうと思っています。

こんなふうに、だれか特定のアート作家のファンになって、ミュージシャンや俳優と同じように、その活動の「おっかけ」をしてみると、自分にとってのアートの世界が広がると思います。

とくに現代アートの作家のファンになると、印象派など鬼籍に入ってしまった著名な画家のファンになるのとは、まったく違うおもしろさがあります。ロバート・ライマン氏は２０１９年に亡くなってしまいましたが、今、私たちと同時代を生き、制作を続けているアーティストのファンになれば、展覧会のたびに新たな挑戦を見ることができ、その変化を感じていけます。そうやってひとりの作家を追いかける楽しさやワクワク感は格別。この経験をすると、ほかのアートとも自信をもって向き合えるようになると思います。

世界的なアーティストのファンになるのは当然楽しく、自分の感性を磨くことにつながっていきます。一方、若手や、ある程度評価は定まっていても、さらに伸びていきそうな作家など、作品を実際に購入できるアーティストのおっかけをするのも、これまたとても魅力的です。

私にも、彼らが学生時代だったころからおっかけをしている作家が何人かいますが、個展などで新たな作品を見るのが、毎回楽しみです。「前の作風のほうがよかった」と感じることがあったり、「ますます好き！」と思う作風になってきたり。ときにスランプで制作がストップしてしまって残念に思うこともありますが、一皮むけて戻ってくれると信じ、静かに活動の再開を待つこともあります。

追いかけつつ、折々で彼らの作品を購入することは、作家の活動を実際に応援することになります。そんなふうに見守っていた作家がどんどん成長し、美術館でも個展をするなんてことになったら、喜びもひとしおです。

作品の裏に隠された秘密。アートと暮らす喜びは、ここにも

春になったら飾る、今村遼佑氏の「ハクモクレン」という作品(19ページ)。花が咲く寸前、つぼみの様子が描かれていて、やさしく、繊細な色づかいに一目ぼれして購入しました。

通常、作品の裏には、タイトルや作家のサインが書かれていることが多いのですが、この作品の裏には咲き誇るモクレンの絵が! まったく知らなかったので、届いてびっくり。キュンキュンと感動してしまいました。

今村氏はインスタレーションを主に活躍する作家で、いつもひそやかな驚きのある作品を発表されています。平面作品にもインスタレーションに共通するしかけを発見したようで、より心を掴まれました。

水谷昌人氏の作品(39ページ)には驚きがあります。絵の具の塊が、マグマのように作品から湧き出ているように見えますが、裏を見ると納得。そこには、モランディの絵が描かれていて、その絵から絵の具が飛び出てくるように、制作されているのです。偉大なアート作品のパワーが、水谷氏の手によって、今、この瞬間にあふれ出てきているかのような……。

こんなふうに裏まで楽しむのは、作品を持っている人だけができること。自分と作家とだけが共有している秘密がある気がしてうれしくなり、作品といっしょに暮らすワクワク感がさらに増します。

右が今村氏の作品の裏に描かれていたもの。知らなかったのでうれしい驚きでした。左が水谷氏の作品の裏。モランディは大好きな作家のひとりなので、惹かれたのも納得でした。

滋賀県にある大西氏のアトリエは吹き抜けが印象的。道具や材料はもちろん、作品のモチーフとなる日用品、古道具なども並んでいます。

奥村くみがおすすめする
10人のアーティスト

アートを介して、アーティストとお客様とのご縁をつくる。
それが、私の仕事の根幹だとも感じる今日このごろ。
この章では、私自身もコレクションしたり、
お客様によくおすすめしたりしている10人のアーティストをご紹介。
特別に大西伸明氏のアトリエも撮影させていただきました。
アートとの出会いには、いつもワクワクが詰まっています。

Artist

大西伸明　01:

Nobuaki Onishi

　鉛筆、電球などの日用品から、錆びたくぎ、ドラム缶など打ち捨てられたもの、そして繊細な葉やレースまで。幅広いモチーフを元に、本物そっくりに作られる樹脂の立体作品。大西氏はもちろん、リアルなコピーを作っているわけではなく、作品と型となった「もの」との間にある領域を表現。繊細さに惹かれ、出会ったときから大好きなシリーズです。

　ひとつの型から、複数の作品を生み出す——。版画をずっと学んできた大西さんの、この作品群を見て、版画という概念はこんなふうに立体へと発展を遂げるのかと驚きとおもしろさを感じました。展覧会ごとに新たなチャレンジで生み出される、平面の版画作品の数々もすばらしく、今度はどんな作品で驚かせてくれるのかと、毎回楽しみにしています。

　MA2 Gallery（東京）、ギャラリーノマル（大阪）での個展をはじめ、海外も含めてグループ展にも多数参加。作品は、和歌山県立近代美術館、岡山県立美術館、ザブルドウッチ・コレクション（イギリス・ロンドン）などに収蔵されています。

『oirukan』
paint on resin 20 × 26 × 26cm edition5 2017

『sagefuri』
paint on acrylic resin 7 × 7 × 11cm edition 3 2018

『Vertical ocean』
stencil 76.5 × 56.5cm 2018

『Vacuum - Venus de Milo #3』
paint on resin 22.5 × 13 × 8cm 2015

『doramukan』
paint on resin unique 58 × 58 × 90cm 2013

写真提供:MA2 Gallery

Artist

伊庭靖子　02:

Yasuko Iba

『untitled』
oil on canvas 180×150cm 2009

クッションや花器など、よく見知ったものが描かれているにもかかわらず、伊庭靖子氏の絵画の中では、それらが特別なものとして存在しているように感じます。ものに宿る光、繊細な質感、その美しい佇まいに、ひたすら魅了されてしまうのです。作品の前に立つと、思わず触れてみたくなったり、作品の向こう側を覗いているような錯覚に陥ったり。静かに翻弄されているような気持ちになりますが、そんな感覚にさせてくれることも、伊庭作品に惹かれるゆえんです。

東京都美術館で開催の個展に作品を貸し出すという、アートコレクターにとってとても光栄な経験もさせていただき(p.38に掲載の作品)、ますます作品への愛は深まるばかりです。

神奈川県立近代美術館、MA2 Gallery(東京)などで個展を開催、森美術館などのグループ展にも参加。作品は、神奈川県立近代美術館、群馬県立館林美術館などに収蔵されています。

2013年個展風景 MA2 Galleryにて

『untitled』
oil on canvas 227.3 × 162cm 2018

写真提供:MA2 Gallery

Artist
岩名泰岳　03:

Yasutake Iwana

岩名氏が大学4年生だったころから、作品を見続けている、秘蔵っ子的に大切にしている作家です。２年ほどのドイツ滞在を経て、今は郷里である三重県・伊賀で制作を続けています。この10年の間に着実に進化を遂げていると感じます。

氏の本領が発揮されるのが、厚塗りスタイルの油彩です。素朴で土の香りさえもしそうな作品ですが、洗練さも持ち合わせ、そのバランスが絶妙なのです。出会った当初は、花など、具象中心でしたが、次第に抽象画が増えてきました。

氏の作品を見るたびに、頭をよぎるのは、ワインとテロワール(土壌)の関係性。ワインはテロワールによって生み出されるといわれますが、彼の作品も氏の暮らす土地によって、大切に育まれていると感じます。地元に根ざして、風土や文化を探りながら描く姿勢は、セザンヌが長年、故郷の山、サント・ヴィクトワール山を描き続けたことを思い起こさせます。

ギャラリーほそかわ（大阪)、MA2 Gallery（東京)、タグチファインアート(東京)などで個展を開催。

『祭りの灯』
oil on canvas 41.5 × 32cm 2016-2017

『田の風景』
oil on canvas 53 × 46cm 2017

『夕暮れの山』
oil on canvas 70.5 × 50cm 2011

写真提供:MA2 Gallery

Artist **04:**

田幡浩一

Kouichi Tabata

『untitled (chrysanthemum)』
photo collage on paper 39 × 30cm 2016 ©Kouichi Tabata

『one way or another (fig) #01』
pencil on paper 29.7 × 38.7cm 2015 ©Kouichi Tabata

最初に氏の作品を見たとき、ただひたすらシンプルに「この絵画と暮らしたい」、そう強く思いました。色使いやタッチ、モチーフ選びなど、すべてが私の大好きな感じです。素直にハッとするほど「美しい」のに、作品の中にひそむ、小さな“ズレ”。このひとひねりに、ほれ込んでしまいました。

メッセージやコンセプトをダイレクトに訴えたいがあまり、表現が過激になってしまう作品というのは往々にしてありますが、田幡氏は美しい作品の中で伝えたいことを表現していると感じます。そこに惹かれ、美しさの向こうにある深い思考を感じ取りたくなるのだと思います。田幡氏の作品には品性と知性、そして美しさ。私がアートに求めるすべてが詰まっています。

Yutaka Kikutake Gallery（東京）、ギャラリー小柳（東京）などで個展を開催。作品は、東京都現代美術館、原美術館などに収蔵されています。

『one way or another (crocus)』
oil on wooden panel 34.8 × 30cm 2017 ©Kouichi Tabata

写真提供:Yutaka Kikutake Gallery

Artist **05:**

手塚愛子

Aiko Tezuka

私の中で手塚愛子氏の存在が大きくなったのは、東京都庭園美術館で2009年に開催された展覧会に出品されていた氏の作品を拝見したとき。その圧倒的なインパクトに心がつかまれました。

美しい織物の糸をといて、新たななにかを再構築するという制作スタイル。その過程を想像すると気が遠くなりますが、アーティストの強い気迫を感じ、私は静かに圧倒されるのです。

美術館で鑑賞するような大きな作品はもちろんですが、小さなピースでも、その迫力は変わりません。長らく、私にとって手塚氏の作品は美術館やギャラリーで鑑賞する作品という位置付けでしたが、追いかけているうち、「そろそろ」という気持ちが芽生えました。住空間においても大きな感動を与え続けてくれます。

兵庫県立美術館、アヤラ美術館（フィリピン）などで個展を開催。東京都現代美術館、韓国国立現代美術館、東京都庭園美術館などで開催された展覧会に出品。

上:『Dear Oblivion 1』
解かれた織物(作家によるデザイン)、木枠
252 × 162cm 2015 撮影:椎木静寧
下:『Mutterkuchen – 0』
既製品の織物を解いて編んだ籠と刺繍、木枠
155 × 70cm 2018
写真提供:MA2 Gallery

『Loosening Fabric #5 (Nightfall)』
解かれた織物　H320 × W231 × D285cm　2016　撮影:Sandra Pointet ©Aiko Tezuka Studio | Berlin, All rights reserved.

横溝美由紀

Miyuki Yokomizo

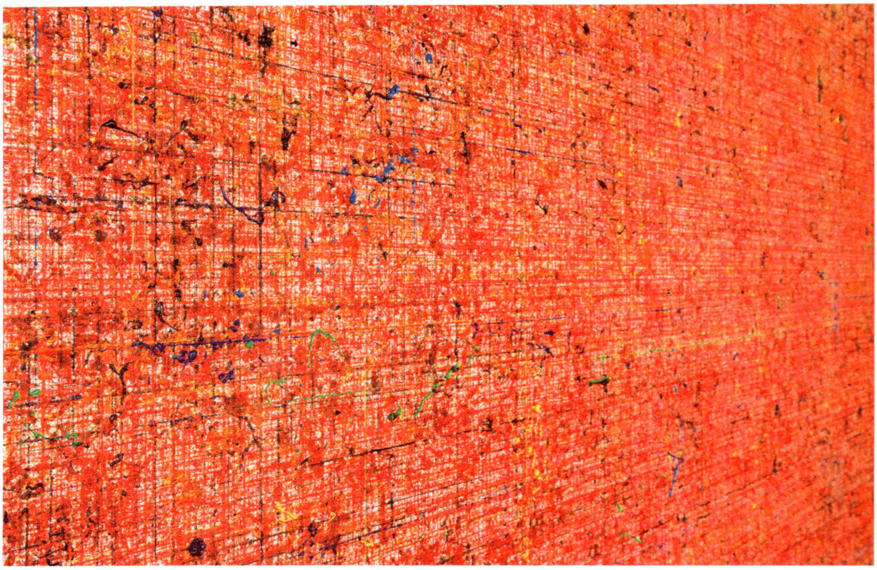

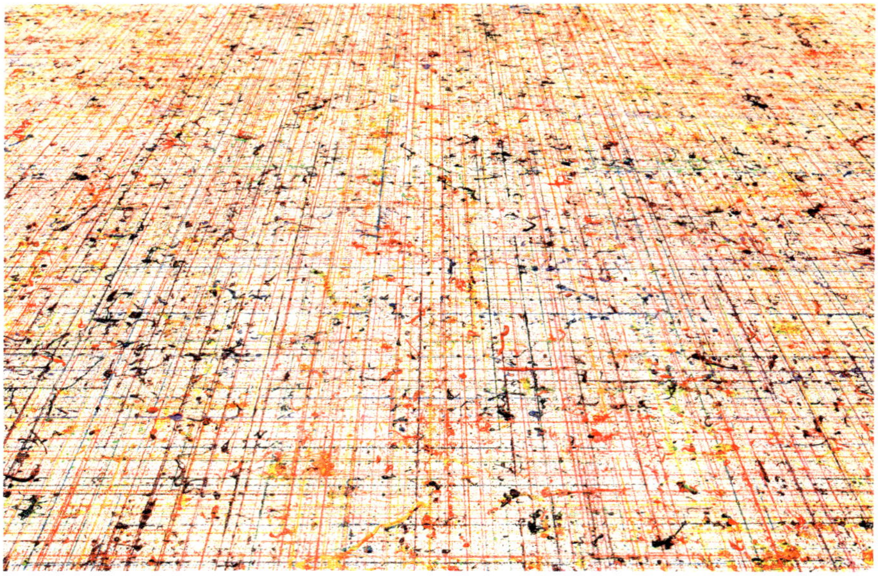

左H180cm 右16.6×72.7×D125cm
撮影:加藤健
写真提供:MARUEIDO JAPAN

もともとは、ホワイトキューブで鑑賞する大型インスタレーションを多く発表してきた横溝美由紀氏。近年、精力的に取り組んでいる、ツイードのように見えるキャンバス作品もたいそう魅力的です。平面作品のようですが、彫刻家である氏にとって、これらは立体作品。制作過程を知ると、まさに立体なのだと感じます。箔を使ったシリーズも、凛とした空気感をまとっていて、目をひきつけます。

どちらのシリーズも住まいの中にあっても特別な存在感を示してくれ、上質なアートと暮らす喜びを素直に私たちに与えてくれます。その一方、キャンバス作品は、皮膚をひっかいたときのごく細い切り傷からイメージをふくらませたと伺うと、作品の奥にひそんだ、心をヒリヒリさせる強いメッセージも感じるのです。

MARUEIDO JAPAN（東京）、ART OFFICE OZASA（京都）などで個展を開催。東京都現代美術館などで開催された展覧会に出品。作品は、パレスホテル東京、島津製作所本社などに収蔵。

展示風景撮影:加藤健
写真提供:MARUEIDO JAPAN
右の接写撮影:山口卓也
写真提供:ART OFFICE OZASA

展示風景撮影:加藤健
写真提供:MARUEIDO JAPAN
右の接写撮影:山口卓也
写真提供:ART OFFICE OZASA

Artist

今村遼佑　07:

Ryosuke Imamura

インスタレーションや映像作品で構成されることの多い今村遼佑氏の展覧会。いつも、五感のすべてを研ぎ澄ませて作品と向き合うようにしています。紙くずが下に落ちるカサッとした音。小さな灯台の中で、チカッと点滅する光。気づかないくらい小さななにかが空間を支配し、それを逃してはならないと私に集中を促します。でも緊張感はなく、作品の中にある繊細ではかなげな「しかけ」に気づいたときには、自然に笑みがこぼれてくる、いつもそんな感じなのです。

そんな今村氏、近年はペインティングも発表。私が入手したp.19の作品は、廃番となっているオイルパステルで描かれています。そこにインスタレーションにも共通するはかなさを感じ、今後の平面作品にも期待しています。

eN arts（京都）、アートラボあいち（愛知）、資生堂ギャラリー（東京）などで個展を開催。原美術館（東京）、神奈川芸術劇場などで開催されたグループ展に出品しています。

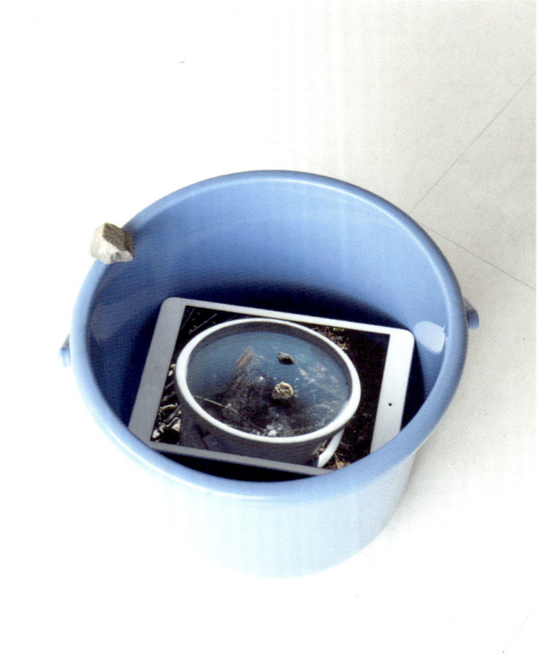

上:『街灯と辞書』辞書、ミニチュアの街灯、LED、電池、その他　2015
下:『バケツと氷』バケツ、iPad、石　2016　撮影:シュヴァーム・トム

『扉と灯台』
粘土、LED、点滅回路、電池、ドアの角　2013

『風と凪(炭酸水、時計、窓の外)』
映像、カラー、サイレント　5'18" 2013　撮影:シュヴァーム・トム

Artist

08:

水谷昌人

Masato Mizutani

『Lucian Freud(Double Portrait)』
キャンバス、アクリル絵具、木製パネル、紙、インクジェット　23×16cm 2017 撮影:来田猛

若手作家を知る機会をつくるようにもしているのですが、京都市立芸大の作品展で出会ったのが水谷昌人氏。裏に隠された、偉大な画家たちによるモチーフから、マグマのように絵の具が湧き出ている作品を見たときは衝撃を受けました。モチーフそのものをではなく、鼓動を出現させたいのだと、水谷氏は語っています。

刺激的すぎる手法でメッセージを伝えようとする作家よりも、知的に洗練されたスタイルで、じわじわと心に迫ってくる作品が、私は好きです。水谷氏の作品は一見すると、そんなタイプの作品と真逆のようですが、名画をモチーフとしているせいか色づかいに不自然さがなく、ぐっと引きこまれました。このシリーズの次なる展開がどうなるのかも、とても気になる作家です。

TS4312（東京）、FINCH ARTS（京都）などで個展を開催。「ONE ART Taipei 2019」「ART NAGOYA 2019」などにも出品しています。

『Francis Bacon(TRIPTYCH)』
キャンバス、アクリル絵具、木製パネル、紙、インクジェット　23×16cm×3枚組 2017 撮影:来田猛

『1949年の咆哮(HEAD VI/Francis Bacon)』
キャンバス、アクリル絵具、木製パネル、紙、インクジェット
23×16cm
2018
撮影:守屋友樹

『Self-portrait(only for you)』
キャンバス、アクリル絵具、油絵具、木材、真鍮箔
35×50cm
2018
撮影:守屋友樹

ネルホル

Nerhol

『Slicing the Onion /No.004-1/6』
ink-jet prints 24.5 × 20cm 2015 ©Nerhol

『Interview / Mr. Yoshida』（Diptych）
ink-jet prints 35.5 × 29.7cm 2017 ©Nerhol

最初は海外の方なのかと思っていたネルホル。田中義久氏と飯田竜太氏によるアーティストデュオで、名前の由来が、アイデアを「練る（ネル）」人と、「彫る（ホル）」人と聞いて驚きました。

ポートレートや、さまざまな素材の写真を束ね、重なった紙の束を掘り下げていくように彫刻する作品で注目を浴びています。日々の暮らしでは見過ごしてしまいがちな、存在の多層性を解き明かしたいという試みなのだそう。

ネルホル作品には、写真と彫刻、そして平面と立体、それぞれの魅力がギュッと詰まっています。寄ったり、引いたり、斜めから見たり。さまざまな角度から見ているうち、深層にぐっと入り込んできます。すでにアートをコレクションしているかたにおすすめしたくなります。

金沢21世紀美術館、Yutaka Kikutake Gallery（東京）などで個展を開催。静岡市美術館、上野の森美術館（東京）などで開催されたグループ展に出品しています。

『Tulips』（Unique）
ink-jet prints 83.5 × 69.5cm 2017 ©Nerhol

写真提供:Yutaka Kikutake Gallery

Artist

クリスティアーネ・レーア 10:

Christiane Löhr

『小さな塊』
綿毛　5.5×22×20cm 2015 ヴァンジ彫刻庭園美術館蔵　撮影:Serge Domingie ©Christiane Löhr

ドイツ生まれで、現在はドイツとイタリアに拠点を置いて活動している女性彫刻家。あまり彫刻には使われないような、植物の種子や動物の毛を用いた立体作品で知られています。繊細な素材を使っているので、本当に注意深く、息をのむようにして鑑賞をするのですが、その存在感たるや！　とても力強く、その生命力が末端にまで及んでいると感じます。

鉛筆や墨で描かれた植物モチーフのドローイングもうっとりするほどすてきで、いっしょに暮らすアートとしてもとても魅力的。版画作品の展開もあって、これからもずっと楽しみに作品を追いかけていきたい作家です。

国内では、タグチファインアート（東京）、ヴァンジ彫刻庭園美術館（静岡）などで個展を開催。作品は、ヴァンジ彫刻庭園美術館(静岡)、パンザ・コレクション(イタリア・ヴァレーゼ)、ボン市立美術館(ドイツ)などに収蔵されています。

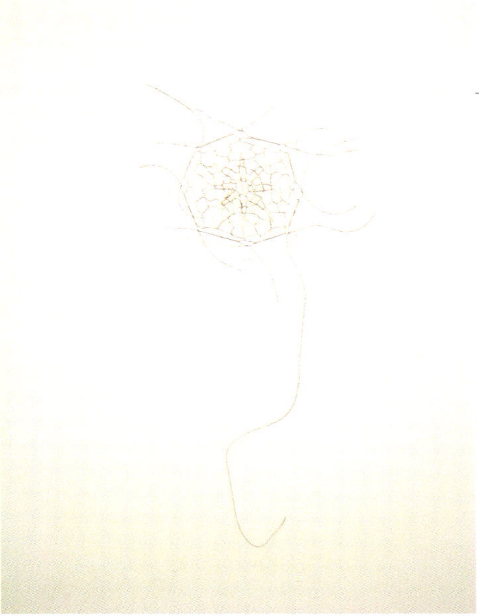

『毛のネット(八角形)』
馬の毛、針　40×35×50cm　2015　©Christiane Löhr
写真提供:タグチファインアート

『無題』
鉛筆、紙27.5×20cm　2015　©Christiane Löhr
写真提供:タグチファインアート

『無題』
カーボランダム、紙　55.5×43.5cm　2019　エディション30
©Christiane Löhr　写真提供:タグチファインアート

『種の袋』
アザミの綿毛、ヘアネット、釘　40×22×19cm　2014
©Christiane Löhr　撮影:Tadasu Yamamoto

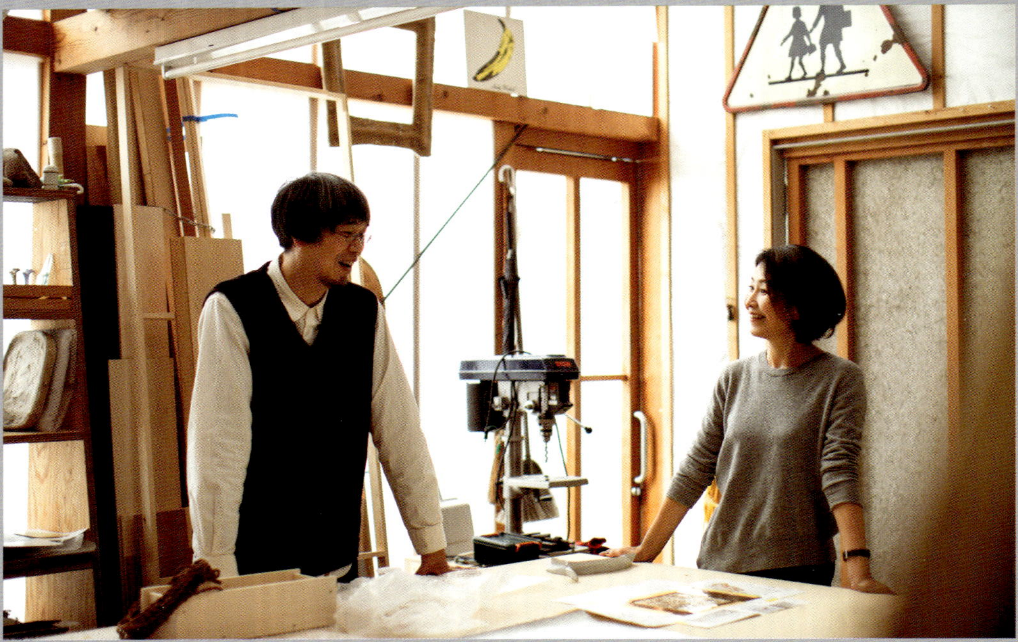

京都市内から車で約30分。大西伸明氏のアトリエを訪問するのは、久しぶりです。初めて作品と出会ってから随分、月日も経ちました。ベルリン在住時代にもアトリエを訪ね、ともにベネチア・ビエンナーレにも出かけたほどで、親しくさせていただいているアーティストです。「60歳になったときに、自分が納得できる『いい仕事』をしていたい」と語る大西氏。出会って以来、展覧会ごとに新たな挑戦をする彼の作品を見続けていますが、それでも「60まで、あと14年しかない。まだ闇の中」と、絶えず前進を続けようとする姿勢に感銘を受けます。

アーティストは、一生をかけて、答えがないものを相手に思考し、制作し続けているということ。それほどに全身全霊をかけているから、アートには人をひきつけてやまないパワーがあるのです。

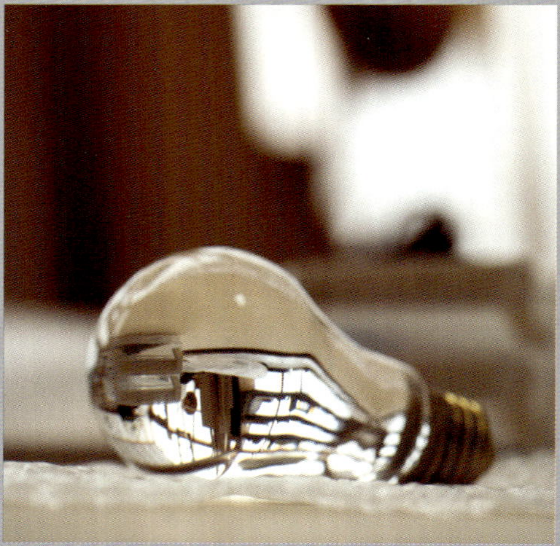

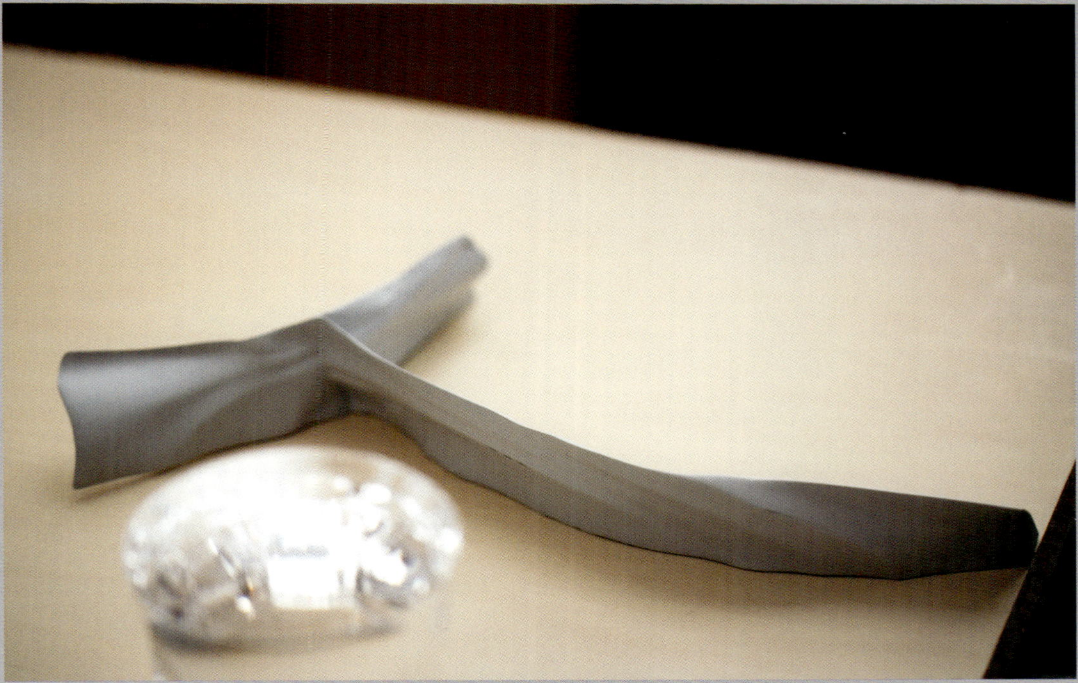

p.148上／大西氏の思いを聞くのは楽しい時間。p.148下／ 2003年から制作しているシリーズは「日用品を樹脂に置き替えていく」ことが主題。当時「自分にとって価値ある仕事が動き始めた」と確信があったそう。p.149上2枚／古道具店で見つけたランプオイル缶で型取りして樹脂を流し込み、彩色。本物そっくりでいて一部だけ樹脂の透明な色を残して仕上げています（完成作品はp.128に掲載）。p.149下／コンクリートのひびのかっこよさに惹かれ、型取り。生活の中で、つねに思考を続けるのがアーティスト。

アートは、ときに魂を救ってくれる

人生を心豊かに過ごすために、住まいにアートのあることの重要性をさまざまな形で伝えるべく、私は活動をしています。この仕事を通じ、多くの出会いや感動するできごとがありました。そのたび、アートの力はすごいと実感もしてきました。そのなかでも、とくに感動した心震えるお話をご紹介したいと思います。

「亡くなった夫が、奥村さんと出会わせてくれた気がする……」というインスタグラムにいただいたコメントから、Ｉ様との交流はスタートしました。そして、東京で開催予定だったイベントにきてくださることをお知らせくださったのです。

その内容から、勝手にご年配のかただと想像してしまったのですが、いらしてくださったのは中学2年生のお嬢さんを連れた、美しい女性でした。3年前に、若くしてご主人を亡くされていたのです。はにかみながらいっしょにいらしたお嬢さんもかわいい利発な感じの女の子。端から見ていると、そんな悲しい経験をされたことを想像させない、なんて、すてきな親子なんだろうと思わせる雰囲気でした。

お話を伺うと、3年経って少し気持ちも前向きになり、リフォームを計画しようかと考えていた矢先、私のインスタグラムと出会い、リフォームではなく、アートを飾ることで気分を一新することを思い立たれたのだそう。責任重大です。

ところがお嬢さんはアートを購入することには、あまり乗り気ではないご様子。祖父の残した、気に入っている作品がリビングにあり、本人も絵を描くことが好きだから、住まいには自分の絵を飾るものと思っていらしたのです。あくまでも想像ですが、アートを掛け替えることで、亡き父と過ごした思い出が消えてしまうと感じていらしたのかもしれません。

そこで、じっくり、いろいろな作品をご鑑賞いただくことにしました。しばらく時間をおいて、「どれが、いちばんお好き？」と声をかけると、彼女が迷わず、指差した作品がありました。その作品は、お嬢さんの雰囲気にぴったりで、こちらもうれしくなりました。それを聞いたＩ様が「じゃあ、これは私がプレゼントするわ」とおっしゃったときの、お嬢さんの心からの笑顔ったら！

後日、お嬢さんにアートを選ぶイニシアチブを渡された理由をI様にお伺いすると、「自分と同じく、今を生きるアート作品に対して傍観者でいて欲しくなかったのです。自分の感性を全開にしてアートを選ぶ。そして自分が選んだアートとともに人生を送る。そういったことを伝えたかった」というようなお返事。まだ小さいうちに、父親を亡くすという辛い経験をした娘に対する、前を向いて「今」を生きていってほしいという母からのメッセージのように感じました。

そして、結局、いくつかのアートを購入してくださったI様。そのひとつは、リビングに設置することにしたのですが、お嬢さんが描いた絵の中からリンクする雰囲気のものを選び、同じ壁に互いが引き立て合うように飾ることにしました。

もしかしたら、子どもの作品といっしょに現代アートを飾るなんて間違っていると、疑問視される人もいるかもしれません。でも、「正しい飾り方」って、なんでしょう？　アートと暮らすすばらしさは、作品が住まい手の心をいやし、勇気づけ、そしてやさしい気持ちにしてくれることにあります。だから、お嬢さんが大感激されたと伺って、この飾り方を提案して本当によかったと思いました。

そして、「夫のイメージ」「お父さんっぽい」と母娘ふたりともが、とても気に入ってくださった作品もI様邸にお嫁入りしました。すべての作品の納品後、飾られた様子などを写真で送ってくださったI様。何度か長文メールをやり取りするうち、「葬儀のときに一生分泣いて、ほとんど泣けなくなっていたのに、ソファで作品を見ているうちにいろんなことが、温かいものに変化して胸にあふれ、涙が止まらない」とのメッセージをいただきました。そして、私の目にも涙が……。

東日本大震災のとき、多くの作家がアートの無力さを嘆く言葉を発していました。正直、悲しみの真っ只中にいるとき、アートはなんの役にも立たないでしょう。私だって悲しみの最中にアートを眺めて、心がいやされたという経験があるわけではありません。でも、いろいろな苦難から立ち上がろうとする過程において、アートは私たちをいやしてくれるものであることは間違いありません。そして少なからず、アートは私たちの魂を救済してくれると信じています。

アートの仕事を続けていく意味を、私に今一度教えてくれた、忘れることのできない、大切なできごとです。

家族でアート。子どもがいるからこそ、アート

「まだ子どもが小さいから、アートなんて無理」「アートは、もう少し子どもが大きくなってから」という言葉を聞くことがたびたびあります。そのたび、「もったいない！」と心から感じます。

子どもはとっても素直。大人と違って、理論武装したり、知ったかぶったりする必要がないからこそ、アートからさまざまなことをダイレクトに吸収します。作品を見た瞬間にパッと発せられる言葉を聞いても、それは明らかです。

あるお客様のお宅に納品したときのこと。まだ2歳くらいだったお子さんに、「これ、なにが描かれていると思う？」と聞いてみたところ、その答えは、「power」だったそうです。また別の作品に対しては「colorful leaves」と。英語で遊ぶプレスクールに通っているお子さんだったので、英語の単語が飛び出しましたが、どちらの言葉にも感激してしまいました。作品は抽象画。具体的ななにかが描かれているわけではありません。「子どもでも描ける絵だ！」なんて、口にしてしまう大人だっていそうな絵です。でも、このお子さんは素直に作品を見つめ、自分の感じとったことを口にしたのです。頭でっかちな大人にはない、スポンジのような心で、多くのことをアートから吸収しているんだと私は確信しました。

また、別のお宅では、飾られたアートを見て、小学校から帰宅したお子さんが「うお、いいじゃん、これ。どうしたの？　どうしたの？」と何度も何度も作品を見に行っていたのだとか。それが、どんな評価のある、どんな作家が描いた作品かは知らなくても、素直にいいと思って心惹かれる。子どもだからこそ、アートが発するパワーを感じ取り、それを自然に表現してくれたのだと思います。

小さなころから身近にあると、アートに対して身構えずにすみ、たくさんのことを吸収でき、情緒豊かな大人へと成長するはずです。それは親が子どもに贈ることのできる、形の見えない大きなプレゼントではないでしょうか？

ちなみに、アートを自宅に飾るうち、まったく関心がなかった夫が次第に目覚め、今ではかなり難解なアートの企画展にいっしょに出かけるほどに変わったというご夫婦もいらっしゃいます。アートと暮らす日々は、自分だけでなく、子どもや夫の感性も磨いてくれるのです。

アートは、私の魂も救済してくれた!?

アートアドバイザーの仕事をはじめて、早15年以上になります。その前は、インテリアコーディネーターとして、長年働いてきました。インテリアの仕事を引き受けるなか、ごくまれに、作り上げた空間に合わせてアートを探して欲しいというお客様がいらっしゃいました。もちろん、全体から見ると本当にわずかですが、そんなお客様のためにアートを探し、実際に飾るということを何回か経験するうち、「上質なアートを設置すると、すばらしい空間に仕上がる」ということに気づいたのです。

当時、アートの依頼があったとき、私は京都の、とあるギャラリーに行くようにしていました。オーナーのセレクトがすばらしく、心惹かれる作品が多くて、仕事とは関係なく、このギャラリーを訪れるのを楽しみにしていたほどです。

個人的に現代アートに触れる機会を意識して作るようにもなっていたので、世の中にはすばらしいアートがたくさんある一方で、アートを探している一般の人は、どこで買っていいのかさえ、わからない状況だということにも気づきました。とはいえ、インテリアコーディネーターの私にどうにかできることではないですし、とにかく多忙で、どうにかしようにも時間もありませんでした。

月日は流れ、あるとき、お世話になっていた前述のギャラリーのオーナーがしばらく海外滞在することになりました。頼りにしていたギャラリーが一時的にクローズすることになり、自分で作品を見つけ出すことができないかと考えるようになった私は積極的にギャラリーを回り、人にも会うようになっていきました。

当時は、仕事上、残念なことが多かった、私の暗黒時代。いやなことが続くなか、人を憎んだり、悪口を言ったり愚痴ったり。邪悪なものが、〝おり〟のように、私の心にたまっていた気がします。

でも、精力的にアートを見て回るうち、自分自身の変化に気がついたのです。アートの前に立つと、心が躍る、涙が出そうになる。そんなことを繰り返すうち、心が浄化されていくと感じました。アートと出会ったときの魂の震えのようなものは、私自身をいやしてくれたのです。そんな側面を知り、私はますますアートの重要性を多くの人に伝えたいと強く思うようになっていきました。

「アートはどこで買えるの？」という質問に答えるために

　住まいにアートがあると空間の質が上がる。空間を〝引き〟で見る訓練になり、センスを高めることにつながる。アートとの間に感じていたハードルが下がり、アートが身近になる。人としての魅力を磨く手助けもしてくれる。そして、心が疲れているとき、落ち込んでいるときに、魂を救済してくれる――。

　アートと暮らす日々の魅力や、アートの重要性に気づいた私は、いろいろな表現で、そのことをお伝えしたいと考えるようになりました。つまり、より多くの人に、〝奥村アート教〟（笑）を伝道したいと思ったわけです。

　私が、今、この活動を続ける理由のひとつに、多くの人から「アートはどこで買えるの？」「欲しくても、どこでアートを買っていいのかわからない」との言葉を数限りなく、聞いたことがあります。

　さらには、「アートを買ってもどうやって飾っていいか、わからない」という言葉も。インテリアの仕事を長年してきた私にはそのかたたちの悩みにもしっかり答えられると感じました。

　そんなことを考えながら歩きはじめたアートアドバイザーとしての道。はじめにも書きましたが、想像していたよりも、ずっといばらの道でした。アート業界のことを少しずつ理解するにつれ、新参者が入っていく難しさに途方にくれました。

　15年経ち、たくさんのアートをお客様につなぐことができ、私なりに実績を積んできたと思える今でも、「インテリアの人」として、アート業界から冷たくされていると感じることがないわけではありません。もちろん、応援してくれるギャラリー、感謝してくださるアーティストなど、私の活動を認めてくださっているアート業界のかたもたくさんいらっしゃいます。なによりお客様が心から喜び、アートとハッピーに暮らしてくださっていることが、理解されにくいこの仕事を続けている原動力になっています。

　最初はお客様の紹介などで少しずつつながったご縁で、アートとお客様をつなげる仕事をスタートさせました。ときに催事やアートフェアに参加したり、インテリア関連のショールームでイベントを開催したり、実際にわが家でアートと暮らす様子を体感してもらえる講座を開いたり。雑誌『HERS』（光文社）で、「もてなしのアート」という連載を持たせてもらったこともあります。

とにかく、さまざまなアプローチで、アートの魅力、アートと暮らす日々のすばらしさを伝えてきました。そんな活動を通して、多くのかたがたにアートを届ける機会を増やしてきたつもりです。

最近は、ギャラリーやアーティストに協力を依頼して、1年に1回開催しているイベントに力を入れています。「もし、私がアートフェアを主催するなら」という、得意の妄想がはじまりだった気がします。「私だったら、どんな空間で、どんな雰囲気でアート鑑賞ができたら心地いいか？」そんなことを考えていて、思いついたのが、「大人の社交場」というキーワードでした。

アートアドバイザーとして活動をはじめた10周年記念イベントといった意味合いで、２０１４年に初回を開催。年下の友人たちやインテリアコーディネーター仲間の力を借り、手作り感あふれるイベントとしてのスタートでした。とにかく敷居は低く、でも真剣に、かつゆったりした気持ちでアートと向き合える雰囲気。女性だけでなく、男性もあたりまえに参加できる空気感。そして、気に入った作品があったら、自宅に合うかどうかまで相談ができるサービス。こんなことをベースにしつつ、シャンパンやおいしいコーヒーを片手に、アートにどっぷりひたれる、洗練されたアートフェアを目指して、少しずつ参加ギャラリーの数も増やしながら、取り組んできました。近年は、子どもづれでも気兼ねすることなくアートと向き合えるような再入場のシステムも考えました。お子さんともいっしょにアートを選んでほしい、そんな気持ちからのアイデアです。

アートと暮らすことに興味はあるけれど、なかなかギャラリーには足を踏み入れることのできないアートビギナーのかたでも気軽に参加でき、上質なアートを堪能できる。それも、思わずおしゃれがしたくなる、洗練された気持ちのいい雰囲気の中で――。世界一小さなアートフェアかもしれませんが、そんなイベントに育ってきていると信じています。

今まで、たくさんのお宅にアートを嫁がせてきた私の経験を総動員したイベントです。「アートはどこで買えるの？」という質問への、私なりの答えがここにもある気がしています。

ART NAKANOSHIMA 2018の思い出

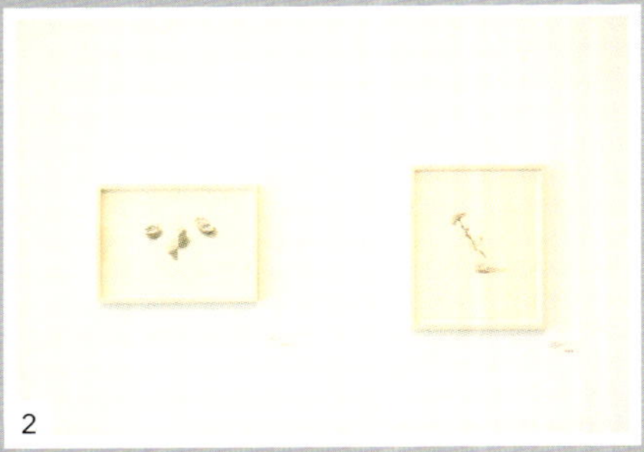

2

1

4

3

7

6

5

1 私が主催する小さなアートフェア「ART NAKANOSHIMA」の2018年の様子。手前の立体は、日本では見る機会が少ないイヴ・ダナ氏の作品。2 田幡浩一氏の作品。3 飲み物片手にアート鑑賞。4 インスタスポットも。5 大西伸明氏の作品は影もきれい。6 プロがシャンパンをサーブ。7 ギャラリストも会場入りして説明。

9

8

8 岩名泰岳氏の作品。9 ご夫妻でじっくり吟味されている様子。10 フェアのためにオリジナルブレンドを依頼し、出張カフェも。11 大人の社交場なので、シャンパン片手に上質な会話も楽しんでいただきたいです。12 作品の飾り方なども提案。13 自然光の入る空間でご鑑賞いただくこともこだわり。14 西川勝人氏の立体と平面作品を並べて。

12

11

10

14

13

もっとアートが楽しく＆身近になる

BOOK＆MOVIE

アートと暮らしはじめたり、アート鑑賞に出かけたりするうち、もっとアートを！ という気持ちが湧いてきます。エンタメ的なものからちょっとお勉強まで、幅広くおすすめをご紹介。

BOOK

01

『アートの入り口　美しいもの、世界の歩き方［アメリカ編］』
『アートの入り口　美しいもの、世界の歩き方［ヨーロッパ編］』

河内タカ著

（太田出版）

アーティストのことを知って、もっと身近に感じてほしいという、著者のアートへの深い愛を感じる、心地よいエッセイ集。どのページにもアーティストの珠玉のストーリーが詰まっています。著者の視点が随所に添えられているのも魅力です。

BOOK

02

『サザビーズで朝食を
競売人が明かす美とお金の物語』

フィリップ・フック著 中山ゆかり翻訳

（フィルムアート社）

サザビーズなどのオークション会社で長期に渡ってアート市場に関わってきた著者が語る美術界の内情あれこれ。暴露本的要素もあり、名画の知られざる側面を覗き知ることができます。シニカルでユーモアのある語り口に、時折声を出して笑ってしまうことうけあい。

BOOK
03

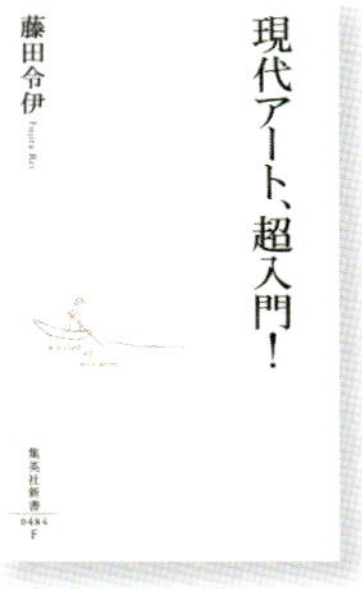

『現代アート、超入門！』
藤田令伊著
（集英社）

「上手だとは思えない」「これがアート？」など、現代アートビギナーならだれしもが持つ疑問。そんな疑問に、名画を例に挙げわかりやすく解説してくれる1冊。「わからない」ことから、現代アート鑑賞をはじめるのは、なんら間違いではないと改めて気づきます。

BOOK
04

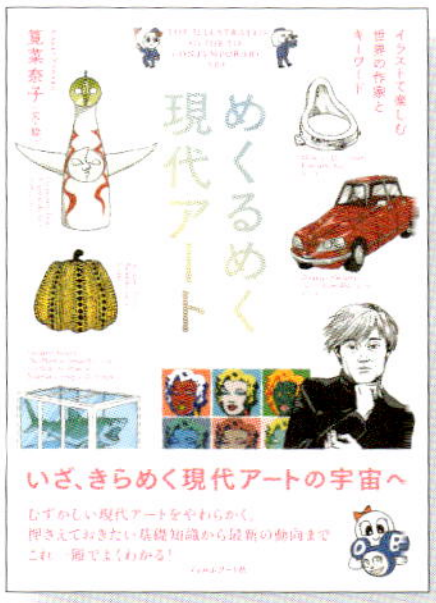

『めくるめく現代アート
イラストで楽しむ世界の作家とキーワード』
筧 菜奈子著
（フィルムアート社）

現代アートの作家や、現代アートを読み解くために知っておきたいキーワードが、イラストで楽しく簡単に紹介されています。とかく難しく捉えがちな現代アートを軽やかに語っていてとてもわかりやすい。気になるアーティストやキーワードを拾い読みするだけでも。

BOOK
05

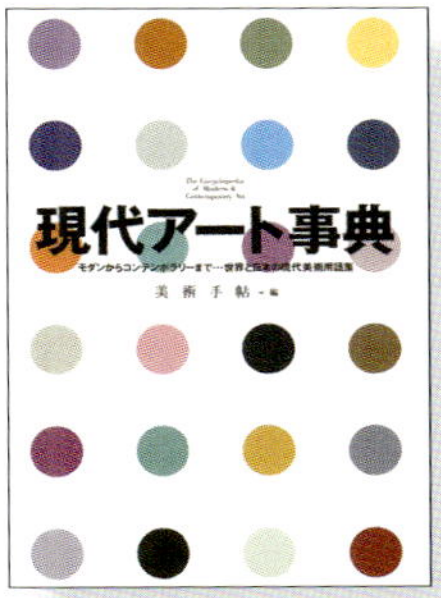

『現代アート事典』
美術手帖編集部編著
（美術出版社）

現代アートを鑑賞するうえで、知っておきたいキーワードを網羅している1冊。講義を聞くかのように読み進められます。巻末にはインデックスもあり、事典としての使い勝手もよし。検索ひとつで情報が得られる時代ですが、こういう本が手元にあると安心です。

BOOK
06

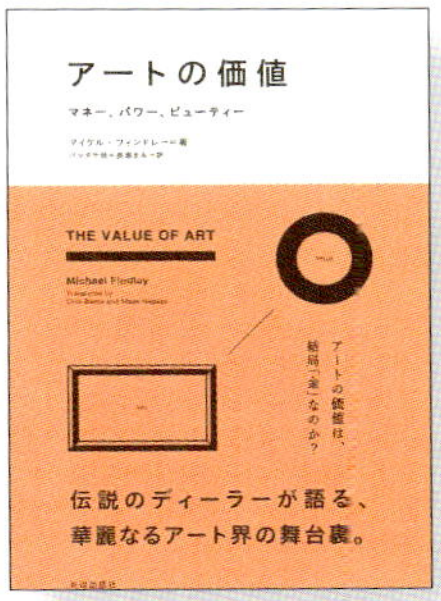

『アートの価値 マネー、パワー、ビューティー』
マイケル・フィンドレー著 バンタ千枝＋長瀬まみ訳
（美術出版社）

国際的に活躍するアートディーラーである著者が、アートの商業的、社会的、そして本質的な3つの価値について、さまざまな側面から語ってくれます。お金にまつわるドロッとした話ばかりではなく、コレクターの人間味あふれるエピソードなども興味深い！

BOOK 07

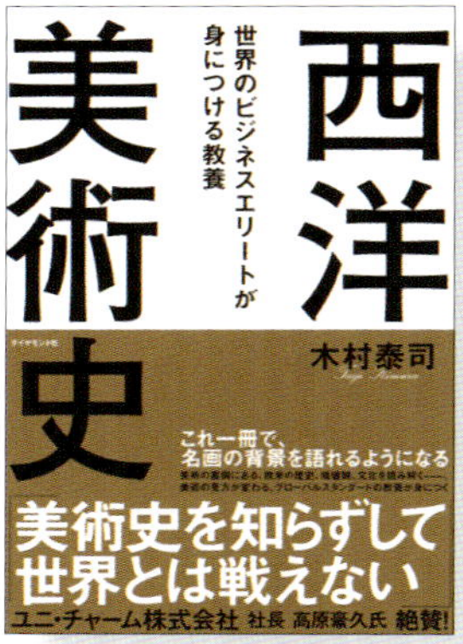

『世界のビジネスエリートが身につける教養「西洋美術史」』

木村泰司 著

(ダイヤモンド社)

現代アートにハマると、アート史を勉強してみたくなるものです。古代ギリシャ美術から現代アートの入り口までを読みやすくまとめた一冊は、ベストセラーだけあって、西洋美術史の全体像を把握するのにぴったりです。世界と戦うビジネスマンではなくても、ぜひに！

BOOK 08

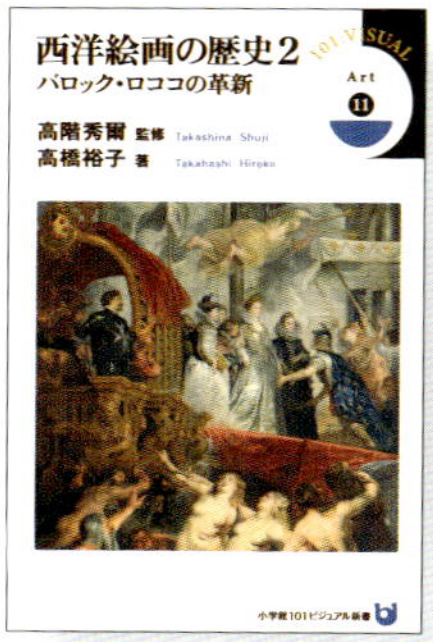

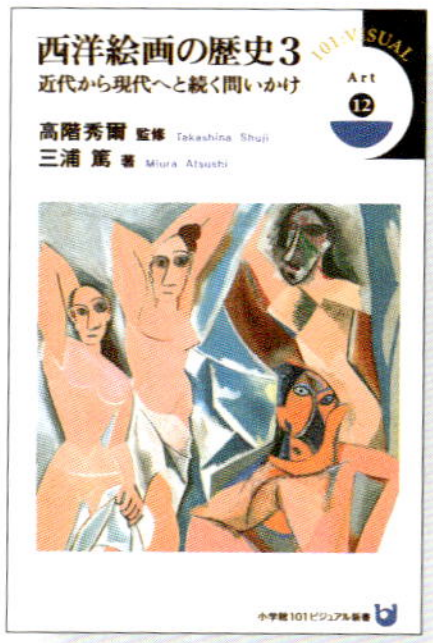

『西洋絵画の歴史1 ルネサンスの驚愕』

高階秀爾監修　遠山公一著

(小学館)

『西洋絵画の歴史2 バロック・ロココの革新』

高階秀爾監修　高橋裕子著

(小学館)

『西洋絵画の歴史3 近代から現代へと続く問いかけ』

高階秀爾監修　三浦 篤著

(小学館)

アート史を知るとアートはさらに楽しくなります。この3冊の新書で全体像を学ぶと、現代アートは突然発生したものではないのだと、しっかりと腑に落ちるはず。カラー写真が豊富に掲載されているので、作品と照らし合わせながら、理解を深めていくことができます。

MOVIE
01

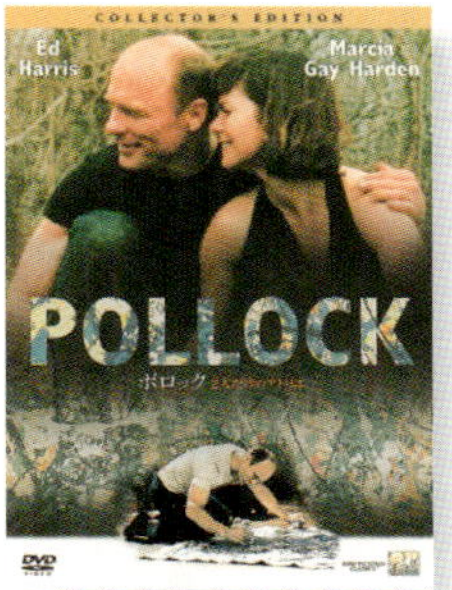

『ポロック　2人だけのアトリエ』

DVD発売中

（ソニー・ピクチャーズ エンタテインメント）

アメリカを代表する画家となったジャクソン・ポロックの人生を映画化。「やはりあの絵は、こんな激しい人じゃないと生まれなかったのね〜」と納得してしまいます。同時代が描かれ、ポロックも登場するので、『ペギー・グッゲンハイム』と合わせて、どうぞ。

MOVIE
02

『ペギー・グッゲンハイム
アートに恋した大富豪』

2018年公開

20世紀を代表するアートコレクションを築き上げたペギー。生前のインタビューを元に制作されたドキュメンタリー映画には彼女の奔放で自由な人生が詰まっています。アートの中心地がパリからニューヨークに移っていった当時の様子もわかり、アート史の勉強にも。

MOVIE
03

『バスキア』

DVD、Blu-ray発売中

（ポニーキャニオン）

ニューヨークで活躍し、27歳で亡くなったバスキアの人生を映画化。破天荒でも、めちゃくちゃでも名前を後世に残す一流のアーティストは人たらしが多いんだろうなと、ふと思った作品。アンディ・ウォーホル役のデビッド・ボウイもじつにいいので、注目を。

MOVIE
04

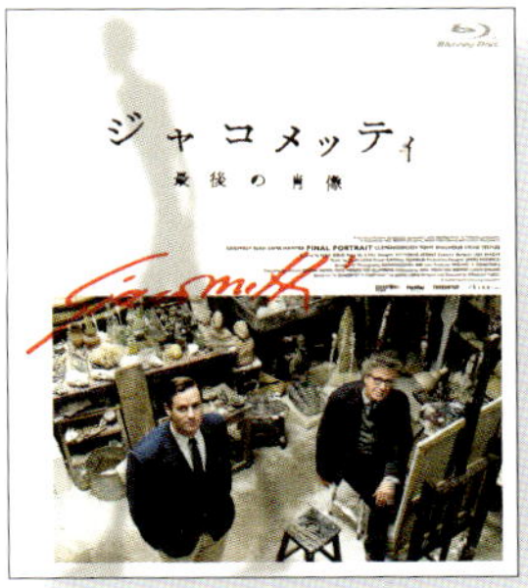

『ジャコメッティ　最後の肖像』

DVD、Blu-ray発売中

（発売元：株式会社キノフィルムズ / 木下グループ　販売元：ポニーキャニオン）

モデルに対決を挑んでいるかのように、描き続けるジャコメッティの姿には鬼気迫るものがあり、こちらも息が詰まりそうになります。見たままに描いて、あの作品が完成することも驚きです。俳優ジェフリー・ラッシュによる「なりきりジャコメッティ」も必見。

epilogue

作品を飾ったとたん、空間の空気が変わり、
お客様のお顔がパッと華やぎ、作品がさらに輝き出す――
この仕事をはじめてから、そんな感動のときを幾度となく経験してきました。
アートが日々の生活でどれほど大切なものか、
どれだけの力を持つものなのか、
これらの経験が裏付けしてくれるので、私は自信を持って、
アートのある暮らしのすばらしさをお伝えすることができるのです。
私の仕事は、作品とお客様のご縁を取り持つこと。
新たな住人としてアートがご家族に加わり、
制作過程で作家が作品に込めたストーリーと住まい手の想いが
混ざり合う瞬間に立ち会えることを毎回うれしく思います。
そして作品をお届けするだけでなく、
私自身もアートを通じてたくさんのすばらしいご縁に恵まれ、
それらは私にとって宝物となりました。
この仕事をはじめて間もないころ、あるかたから唐突に、
「奥村さんの天命はなんですか？」と尋ねられたことがありました。
「テンメイ？」と一瞬、戸惑ったあと、口をついて出た言葉に、
私自身が驚いたことを今でもよく覚えています。

「少しでも多くのお住まいに現代アートをお届けすることです」
身の丈にあった天命があるのだとすれば、
私にとってのそれは、インテリアの仕事で得た経験を生かし、
少しでも多くのお住まいにアートを届けること。
その想いはずっと変わりません。
私はこの先もコツコツと、アートのある生活のすばらしさを
伝えながら作品をお届けし、お客様と感動を分かち合いたいと思います。
アートの世界に飛び込んでからずっと
私を支え、励ましてくれた友人たちや家族、
なにも知らない私に手を差し伸べてくださったアート関係者の皆様、
そしてなにより、私を信じ、私を通じて
アートのある生活をはじめてくださった多くのお客様に、
心から感謝の気持ちを伝えたいと思います。

No Art, No Life.

——奥村くみ

p.2-3 Artist: 岩名泰岳(一部ヨリ)
p.4 Artist: 西村盛雄(一部ヨリ)
p.5 Artist: 平体文枝(一部ヨリ)
p.6-7 Artist: 法貴信也(一部ヨリ)
p.62-63 Artist: 田幡浩一(一部ヨリ)
p.120-121 Artist: 大巻伸嗣
撮影協力:ザ・リッツ・カールトン京都
p.150-151 Artist: 左:大西伸明　右:長田奈緒
撮影協力:MA2 Gallery
p.166-167 Artist: 大西伸明
大西氏のアトリエにて制作風景の一部を撮影

STAFF

撮影　森山雅智
小松真里〈p.106-107、p.158-159(一部を除く)〉
奥村くみ〈p.72-75(一部を除く)〉
アートディレクション・デザイン　髙橋桂子
構成・編集　加藤郷子
写真提供　〈p.70上・左下、p.71上、p.83下、p.86下〉
撮影／森山雅智　初出／HERS(光文社)
〈p.98-99、p.116-119〉各取材協力施設
〈p.128-147〉各ギャラリー、作家本人など
校正　玄冬書林
編集　川上隆子(ワニブックス)

アートと暮らす日々

奥村くみ

2019年7月8日　初版発行

発行者　横内正昭
編集人　青柳有紀
発行所　株式会社ワニブックス
〒150-8482
東京都渋谷区恵比寿4-4-9　えびす大黒ビル
電話　03-5449-2711(代表)
03-5449-2716(編集部)
ワニブックスHP　http://www.wani.co.jp/
WANI BOOKOUT　http://www.wanibookout.com/

印刷所　凸版印刷株式会社
DTP　株式会社オノ・エーワン
製本所　ナショナル製本

ISBN978-4-8470-9796-6